河出文庫

カラヤン

吉田秀和

河出書房新社

カラヤン

◉

目次

カラヤン

カラヤン登場

I

私がはじめてベルリン・フィルハーモニー管弦楽団の演奏会をきいたのは、一九五四年の春、パリでだった。これはフルトヴェングラーの最後の年に当る。そのあと、私はまたザルツブルクの夏の音楽祭で、彼がモーツァルトの《ドン・ジョヴァンニ》とウェーバーの《フライシュッツ》を指揮するのをきいたが——この時の《ドン・ジョヴァンニ》の公演は記録映画にとられていて、このごろ日本でもいろいろなところで上映されているし、それから数ヶ月して、たしか十一月、バーデン・バーデンで死んでしまったのだから、私はいわば、あぶないところで滑りこんで彼の指揮を経験したということになる。

ところで、パリでの話だが、当時はまだ大戦の記憶が、今とは比較にならないくらい生ま生ましく残っていたころなので、戦争終結後、はじめてドイツ最大の指揮者が、これまたドイツを代表する大管弦楽団をひきいて公演にやってくるというので、ふだんとはちがった緊張を示していたものだった。これも余談になってしまうが、この年は、私の記憶に間違いがなければ、ソ聯からもボルショイ・バレー団一行がパリにきたのに、右翼が公演反対の意思表示をやったので、公演が実現した場合の治安の責任がもてないといって、パリの警視庁だったか内務大臣だったかの要請で、一行はせっかく飛行場につきながら、公演を断念して帰国するといったエピソードのあった、そんな雰囲気のパリだったのである。そういう時に、どうしてドイツの音楽家たちが無事に演奏できたのか、私にはよくその辺の事情はわからない。まして、フルトヴェングラーたちは、その少し前、アメリカにいった時は、市民のデモに追いかえされてしまって、ついに公演できなかったはずだから。

だが、とにかく、この時のパリの公演は、《オペラ座》で行われたのだが、今思いかえしてみても、鮮かに目に浮ぶ光景は、まず、楽員たちの登場ぶりである。オペラ座の席についてみると、ステージには、演奏会だから、幕がおりてなかったが、そこには腰掛けと譜面台があるだけで、人は一人もいない。そうして定刻になると、左右の奥まった袖から、楽員たちが、まるで分列行進みたいに、左右相称の均衡と規律のとれた形で、きちんと並んで姿を現わし、ステージの前の方から、順々に腰をおろしてゆく。変なことをいうようだが、行進というのも、私たち日本人はあんまりうまくないのではないか知ら。きちんと並んで前進することが、私たちにできないわけではないし、足なみをそろえることだってやれるわけだが、しかし、腰をちゃんとすえて、上体をしゃっきり伸ばし、足をまっすぐ前にのばして歩くという、その姿は、どうも私たちの、少くとも、自然に身についた歩き方ではない。芝居の時の俳優さんたちの姿をみても、歩き方の本当にひきしまった形としての美しさ、あるいは表現としての幾通りもの歩き方の使いわけというのが本当にできている人となると、そんなに何人もいないような気がするけれどもどうだろう？　それに、私は何も劇の批評を気をつけてたくさん読んでいるわけではないが、俳優を論じて、その歩き方について指摘している文章にふれたことがない。というのは、演じる人も見る人も、この点にあまり重きをおかないということになるのだろうか。先日もどこかで誰かが、「日本の俳優は男では兵隊、女はパンパンに扮装した時がいちばん板についている」というじょうだんともつかないことを書いているのをみたが、「兵隊」といっても、それは少くとも歩いている時の姿ではない。あれはむしろ「兵隊くずれ」の姿勢である。しかもおもしろいことに日本人の場合も内面的にカタクなっている時ほど、この腹をつき出し肩を落した姿勢になってくる。

私は、またしても脱線してしまったけれども、このドイツの音楽家たちの歩調を整えた登場ぶりをみて、びっくりしたのは、必ずしも日本人である私だけではなく、パリの聴衆は少々はギョッとしたかも知れないのだが、そのパリ人にしても、これとは違うが、しかし日本人の私たちとはまた全く違う「整った」歩きぶりをもっている。若い娘にかぎらず、かなりの年輩の人でもやや早足の爪先きから前につき出し、大地にふれる足どりを、普通は、もっている。それは、彼らが、子供の時から足の運び、歩き方について、いろいろ注意され、訓練されているからだといっても間違いないかも知れないが、むしろ、そういう訓練をする側を入れて、これが人間の歩き方の「第二の天性になっている」というふうに私は考えるのである。そうして、これに比べて、私たちの国では、足をひきずるようにして、踵の方に重点をおいて、しかも、なるべくゆっくり歩くのが上品というか、おちついて気品が高いというか、とにかく「大人」の風格というふうになっているのではないか知ら。

なぜ、こんな脱線ばかりしているるか？　私は、実は、この歩き方に出ている、二つの「自然」のことを想うからである。一方からみると、もう一方は人工的に見える。それぞれ気取っていると見える。だが、この二通りは、それぞれの文化の伝統の中で、それぞれ「自然」であって、演出ではないと、当事者の意識では、とらえられているのである。「カラヤンが気取っている」と見る。その見方の根本にある「わざとらしくない自然な態度」というのが、すでに一つの「文化」の態度なのであって、自然ではない。少くとも「自然そのまま」と見るよりは、自然から昇華され、ある変革を経た長い間の意識のつみ重ねの結果なのである。

で、私とすれば、一九五四年パリのオペラ座のステージに、ベルリンの音楽家たちが左右から一列縦隊で行進してきた姿は、あれが彼らが、あの戦争の緊張からまだ全く解放されてなかった時に、最も「自然」にとった歩調にのっとったものだと、今にして、思うのだ。

そうやって全員が列についたあと、ちょっとして、楽員たちの間を縫って、白髪の、首の長い、長身の人物がステージの中央に現われる。パリの批評家の誰かが「哲学者のような姿」と書いていたけれど、私は、哲学者がみんなこういう姿なものかどうか知らない。しかし、フルトヴェングラーはたしかにいわゆるゲルマンの長頭型の典型的な姿をしていたことは確かである。ただ、フルトヴェングラーだけは、とてもふらふらした歩き方だった。その長い頭をふりふり、まるで、それに調子をとっているみたいな歩き方だった。

II

このあと、私は何度かベルリン・フィルハーモニー管弦楽団の演奏会をきく機会をもったが、あのパリでのような行進の光景をみたことはない。彼らはもうごく普通に三々五々ステージに出てきて、調弦したり何かしている。あの時の緊張はもうなくなったと見るべきか、どうか。

ところでカラヤンは、九年前このベルリン・フィルハーモニーといっしょに日本にやってきた時は、フルトヴェングラーとまるで違った登場ぶりだった。楽員がそろったところで袖から出てくる時も、まるでとぶみたいな早足で、さっと指揮台に上る。その時はすでに両手をひろげて公衆に向い、大きく抱きかかえるような身振りをしたと覚えている。それは、まるで「私はこれから私の楽員諸君と演奏するけれどもみなさんと一体です。これからいっしょに音楽をやりましょう」といわんばかりの身振りだった。曲が終ったあとも同じであった。聴衆の喝采、拍手、歓呼に応える彼の姿は、同じことをいっていた。

ところが、何年前だったか、いや一九六二年だったと思う、ベルリンできいた時の彼は、拍手があっても背中をみせたまま、指揮台をおり、席から立ち上った楽員の間に並んで、「演奏をしたのは私たちみんな同じ資格です。私はその中の一人にすぎない」といった恰好で軽く会釈しただけで、舞台の袖に入ってしまう。そのあとなお拍手がつづくと、また姿を現わすが、この時もヴァイオリン奏者たちの、それも第一列と第二列目の間ぐらいに立ち、両手をならんでいる奏者の肩にかけ、首を少しのばして、上の方の席から平土間いっぱいの客を一渡り眺めるのと会釈するのとが一つになった答礼をして、また、ひっこんでしまう。彼がもう一度指揮台に上って、頭をさげるのは、その後なお拍手が続いた場合だ。もっとも、結局はいつもそういう羽目になってしまうのだが。こういう一連のしぐさからは、彼が公衆との交流よりも楽員たちとの同僚的連帯感の方をまず重んじているみたいな印象が与えられたものである。それが「演出」なのかどうか。わざとらしいといえば、正にわざとらしい。だが、そういうわざとらしいことをしたくてたまらないという意味では、ごく自然な成り行きでもある。

私が、そのころ気がついたことは、むしろこの時あたりから、彼の指揮に、即興的な要素が増えだし、指揮の棒さばきが自由奔放というか、フルトヴェングラーのあの有名な、非常にわかりにくい棒さばきとは別なやり方ではあっても、ずいぶん不正確な、気分本位な動きが目立ったことと、曲中、木管や金管の独奏をきかせる個所では、その楽員に一任してしまって、思うままに吹かせ、ひかせるようなやり方が生れてきたことにあった。

指揮者の仕事は、周知のように、いわゆる「本番」つまり演奏会の当夜、指揮台に立って棒をふることにつきるのではなくて、その前の練習で楽員にテンポを与え、合奏のバランスを調え、それぞれの局部での音楽のフレーズの区切りや表現の変化、表出の仕方について、自分の意志をあらかじめ伝えておき、その通り当夜演奏できるよう調整しておくことが重要なわけである。その点で、カラヤンは、練習にあまり手間暇をかけないというのが評判であり、それは彼が、演奏会当夜の自発性にとんだ新鮮な感激というものを大切にするからだと説明されてきた。そういう点で、彼は同じ曲を何回演奏しても、ほとんど寸秒の狂いもなく正確に同じように演奏するというので有名なトスカニーニと対照的にいわれてきた。だが、カラヤンはまたレコードを実にたくさん入れていて、その録音の時は非常に厳密に練習するという。つまり実演とちがい、一度録音されれば、理論的には、無限にくりかえし再生され、しかもその極く小さな部分まで細かく分析的にきかれる可能性のあるレコードに吹きこむ時と、二度とくりかえされることのない、現在のその瞬間々々の流れである実演の時とでは彼の態度に違いが生まれ、それが次第に大きくなってきたのであろう。音楽として、そのどちらが本当の実現の仕方であるか。レコードか実演か、といった古典的な問いに対しては、いくつかの答えがあるだろうし、それは実は、音楽という芸術のもつ根本的な問題につながるものがある。つまり音楽は瞬間に生れ瞬間にすぎさる音の継起であると同時に、それらの瞬間の集合は、一つ一つの瞬間を加算したものでなくて「一つの時の流れの全体」でもあり、そのすぎさることと、一つにおいて全体であることと矛盾した性格から、永遠にすぎさってやまない時間の不滅と永続の問題が生れる。だが、そういうことは、また、私たちが音楽をきいていつも経験している単純な事実――つまり、ある時に与えられ、二度と帰らない形ですぎさってしまった感激という形でしか、私たちは永続する感銘をもつことはできないのであって、いくら無限にくりかえされ、正確に同じものを何度も与えられても、それは永続する感銘になるとは限らない――という自明のこととして、私たちに答えが与えられてしまっているのだ。これは演劇の場合でも、同じだろう。私は一九六五年の秋、ベルリンでローレンス・オリヴィエの《オテロ》をみたが、その時のオリヴィエの、非常に入念にメイク・アップされたオテロが、裸足でズカズカと舞台に登場してくるのをみた時の驚きというか感動というか、そういうことは一生忘れないだろう。彼の歩き方は、私たち日本人の裸足の歩みとも、靴をはきなれた西洋人のそれとも、ましてその靴をぬいだ時の西洋人の何ともいえない頼りない、不細工な歩き方とも、まるで違ったリズムをもっていた。それは、熱い大地にいつもはだかで接しているその足のもつ暖かみと歓びと誇りとが横溢していた。それは、やっぱり黒いアフリカの人たちのしなやかさと力強さが全く独特の仕方で組みあわさった歩みにいちばん近いものなのだが、それともまた、ごくわずかのところで違うものがあった。それは歌うというより、語る優雅と自尊心の足どりだった。それは勇敢だが、少々知慧のたりないムーア人の足どりではなく、完全に自分の価値と魅力を意識した黒人の大将の足どりだった。そうして、これがオリヴィエのオテロの基礎建築であり、根幹だった。

そういう希代の名優の演技と、希代の指揮者カラヤンのステージへの出入りの恰好とか何とかとを、同じ線にならべて考えるのは、もちろんばかげている。だが、人気指揮者の演奏会に集まる公衆の心理には、そのスターがどんな恰好をするものかを一生懸命に見守らずにはいられない傾斜があり、またカラヤンの方では、その点を非常に気にするというか、重要視する計算があることも事実である。それを不純だとか何とかいってみても始まらない。ドイツ・オーストリア系統の指揮者には、たとえばカール・ベームというような名指揮者がいるが、彼のステージ姿は何の特徴もなく、全く何ということもない。そういう点と、また彼のまじめでゆきとどいた指揮ぶりを結びつけるのは、これも人情の自然というものであろう。

「だが」といってベームはよく不思議がるのだそうである、「どうして自分には、カラヤンのような、あの不思議な人気がないのだろうか?」と。ベームは、子供がそのまま大人になったような顔をしている。彼の耳は非常に鋭く音楽魂は深く豊かである。だが彼と話してみても、ごく当り前の、大指揮者なら当然出てくるような音楽の話以外の何ものも出てこない。そのほかもごく平凡なドイツの年寄でしかない。

カラヤンは、近くでみても、遠くでステージ姿をみても、いかにも何かがまだあるような恰好をしている。ところが、彼と話してみると、とかく無口なので、何を考えているかわからないという印象を与えられる。そうして、実は、音楽をやっても、彼はそういう印象を与える。人々は、こんども、彼の「ベートーヴェン」がいやに速いのにびっくりし、また、きいている間は興奮させられるけれども、そのあと「あんまり残らない」と不平を言い、結局彼の音楽はどこかがまやかしなのではないかと非難する。だまされたような気がするのである。「だまされる」というのは、一度熱狂させられ、そのあとで冷静になってみると、何で熱狂したか自分でもわからないからである。

私は、こういうことに気がついた。彼はベートーヴェンを指揮すると、まずは、有名なきき所――たとえば第五交響曲の出だしだとか、第三楽章のスケルツォから終楽章の勝利の歌へ突入するまでのあの息も奪うような「凄い」経過だとか、ベートーヴェンが精根を傾けて書いた音楽のもつ、ややテアトラーリッシュ（劇場的）な身振りの目立つ個所では、ほとんどいつもといってよいくらい、力まずにさっさと通りすぎてしまう。肩透しを食わせる。というより、そういう個所になるほど、楽譜に忠実、正確に冷静にやり、逆に、これまで人々のあまり力点をおかなかったベートーヴェンの旋律の歌わせ方とか、楽器の扱いや転調の色彩的な魅惑だとか、そういう個所に、ほんの少しだがアクセントをおいて演奏する。それから曲の各楽章ごとにきかせ場に焦点をおくというより、一つの全体として、それも発端から最後の終止に至るまでの間に生起する大きな起伏と盛り上り等々を経て大団円に到達するまでの連続した流れとして、把握させるように設計して指揮しているというふうに私にはきこえるのである。そのために、とかくドイツの交響曲の一つの特徴である最初に非常に構成的でダイナミックなことを語るという、その特性がやや稀薄になり、あまり力瘤が入らないという印象を与えるのと、逆に、本来が劇的葛藤の大団円であり、解放感を与える筈の終楽章が異常に盛り上り、氾濫する力の場になるという効果を生んで、きくものをとまどわせる事になる。

これは主としてベートーヴェンの場合である。彼のR・シュトラウスやブルックナーも、非常に特徴的だが、このことはもう一々書きつくせない。そうして、今私たちの見るカラヤンは、その姿は、もう今度のように、全部が一つ一つ日本のTVで放送されている以上、私が記述するまでもないだろう。私が前に一九六二年に気がついた変化から、今度の彼の姿は、あまり変っていない。ただ一点を除いては。

それは、彼が、もう往年のように颯爽と、まるで《飛んでゆく指揮者（Fliegender Dirigent）》みたいに登場しなくなったのはもちろん、拍手に答えて、何度か登場してその一番最後に退場してゆくその後ろ姿には、今まで見たことのないものが加わった。それを私流に解釈させて頂けば、「ああ、演奏は終った。みんなはあんなに拍手してくれる。しかし、私は孤独だ。私は今度も理解されなかった」とでもいったような表情で、ふらり、ふらりと退場してゆく、その歩みである。今日の彼には登場の歩みより退場の時の姿の方が重要であるみたいだ。

何とキザな奴だ、と思う人は思うにちがいない。この男は全くまれにみる才能をもった男に違いないが――彼が指揮している間の自在で柔軟な動きと、腰のしっかりすわっている点とが、どの位彼のやる音楽をしっかりした土台から生れたものにしているか――どうしてああいうことをしないではいられないのだろう？

カラヤンの「演出」といって、いかにも手のこんだことをやっているように考えて反感をもったり、軽蔑したりするのはやさしいけれども、どうして、彼の音楽と身振りと歩き方とがこういうことになるのかを理解するのは、容易ではない。

音楽批評家を含めて、彼のことで腹を立てる人々は多いけれども、彼が世界中で圧倒的な人気のあることはどうにも仕様がない。そうして、私は、そのちっとも腹が立たない方に属する。だからといって、彼がよくわかったとも思われず、非常な魅力を感じつつ、この人の意味はどういうことになるのだろうと考える方に属する。

人気の秘密

カラヤンがベルリン・フィルと同行、日本に来て公演するというので大変な騒ぎである。切符を買うため二晩徹夜した人も大ぜいいたという。「何かがおかしいんじゃないか」という人もいるけれども、私は、どう考えるにしろ、おかしいとだけは思わない。昔の中国人は「英雄色を好む」といったそうだが、普通の人間は、色とそれから英雄を好む。こういうことは昔も今も変わらない。そういう横糸がいくつかあればこそ、私たちは人間社会を理解する手がかりが得られるのであって、大ぜいが英雄を、つまりスターを好まなくなったら、むしろ、おかしい。だからといって英雄崇拝に反感をもつ人のことをおかしいというのではない。この種の批判も、別に近代の所産ではなく、ギリシア・ローマの昔からあった。シーザーがいれば——必ず——いや彼がいたから、ブルータスも出る。

カラヤンの人気は日本だけの話ではない。彼はやたらと人気があるから、ドイツにも、カラヤンはぜひききたいがまだ切符が手にはいったためしがないという人は少なくないし、彼の音楽会とかオペラとかいえば、徹夜の行列ができることも珍しくない。二、三日前もヨーロッパの新聞を読んでいたら、バーンスタインがヴィーンの国立歌劇場でヴェルディの『ファルスタッフ』を指揮して大評判をとった記事があったが、そこには「彼こそは新しいカラヤンであり、しかもあんなに金がかからない」と書いてあった。

ヴィーンとカラヤンとは特別な因縁がある。カラヤンはしばらくこの歌劇場で総監督兼指揮者をしていたが、これを管理する役人と何年越しかもめぬいた末、ついにやめてしまった。その間ヴィーンの新聞ときたら、いざこざのたびに第一面のトップにその記事をでかでかと掲げるのだから、驚くほかない――いくら新聞の読者が世界の政治や一国の経済にばかり最大の関心を払うとは限らないにせよ。

歌劇場のもめごとも、ことカラヤンが相手となると、単に費用が膨大な額にのぼるというだけでなく、文化担当の大臣だか総理府長官だかが、どこまで総監督のすることに口出しできるかの問題に拡がってゆく。あるときの新聞には「大臣はいくらでもできるが、カラヤンはたった一人しかいない」とあった。

こういう記事を読んでいると、オーストリア国民、ヴィーン市民というものは、この件を国家存亡の危機と同様に心得ているのではないかという気がしてくる。これは極端な例だが、とにかくカラヤンはそういう文化的風土に育ち、それを醸成してきた大スターなのである。

どうして彼にそんな人気があるのか、もちろん素晴らしい指揮者だからである。彼の特徴の最大のものは、オーケストラの音の途方もない洗練、旋律の歌わせ方と劇的な盛上がりとの組合わせ、緩急のとり方などが水際立っている点にある。戦前彼は、ベルリンでブルックナーを指揮して一躍有名になったらしいが、そのとき聴衆は、この白面の青年のなかに異常な魔術師がいて、抵抗しがたい力でもって官能的な陶酔のなかにひきずりこむのを直観したようだ。

私はそのときの話を何人かからきかされた。しかも彼は、それを、慎重に手入れした純血種の馬のハダみたいに、つやがあって、なめらかに充実した音を駆使して、深刻がらず、むしろ粋に、伊達にやってのけようとする。ために、ときには音楽が上滑りしていると批判する人もいる。

オーケストラの楽員を把握するうえでの彼の絶大な力も見逃すわけにはゆかないだろう。ベルリン・フィルの事務局長もいっていた。「カラヤンの演奏にも、もちろん出来不出来があるが、オーケストラと彼との関係はどんなときでもそこなわれない。彼は文句のつけようのないほど巧みにオーケストラを運んでゆき、演奏がすむと、個々の楽員に、演奏家としての意欲を存分に発揮したという満足感、解放感を残す。こういう人はごくまれにしか出てこない。」

音を出すのは指揮者ではなくて個々の楽員だが、正直で熟練した職人がいつもどこでもそうであるように、彼らはよく働きたがっているのである。カラヤンは、トスカニーニみたいに命令するのでもなければ、フルトヴェングラーみたいに、まず自分で酔う人でもないようである。

ただ彼の演奏会は、ときに、スターの悲惨ということを痛感させることがある。世界的超大スターである以上、人びとは彼に並みはずれた何かを求めて集まってくるのだし、カラヤンはしばしばこれにこたえ、ときには信じられないようなことを実現する。それに彼は指揮するたびに、よく新しいものを曲からひき出してくる。そういう期待があるので、彼の登場は、いつも一種独特なスリルがあり、特別な興味がそそられる。この期待は演奏が終わる瞬間まで続くが、またそこには音楽以外のスノブ（通人ぶった連中）的な関心が、生まれ、広がる余地が少なくない。

カラヤンはこういうことに慣れきっているのだろうが、そのことは彼がいつも正しく対処する保証にはならない。むしろカラヤンがスノブの求めに従って「カラヤンを演じてみせる」危険はいつもあり、それが昂ずると、レコードの録音のときさえ、それを演じて私たちをびっくりさせる始末になる。「カラヤンの光背」なしにカラヤンがきけないものか、と私はよく思う。

カラヤン

1

カラヤンの指揮も、はじめてその姿に接したのが、一九五四年、私がヨーロッパに旅行した最初の時以来だから、もうそろそろ二十年近くになる。その後、私は何回かあちらに出かけ、出かけるたびに、どこかしらで彼の指揮する音楽会にぶつかったし、またカラヤンのほうからも、その間、何回か日本にやってきたりしたものだから、結局、今までに合計して何度きいたことになるのか、それを数える手がかりも、そろそろなくなりつつあるというのが正直なところである。

ということは、一つには、それだけでカラヤンの演奏会が多いというか、世界を股《また》にかけて、始終どこかここかで音楽会をひらいているということになるわけだし、もう一方では、私のほうでも、何のかの言いながら、彼の指揮で音楽をきくのが好きなものだから、機会があれば、彼の演奏会に出かけていったということになる。では、どうして、私はカラヤンをよくききにいったか？　カラヤンの魅力はどんなところにあるのか？　といえば、少なくとも今の私にとっては、彼の棒できくと、音楽がいつも楽々と呼吸していて、ちっとも無理なところがないというのを、まず、あげたいと思う。そうして、これは近年になると、ますます目立ってきた傾向と、私は思っている。

といっても何も、私がはじめてきいた時には音楽に無理強いするところがあったというわけではない。その時は一九五四年の秋のベルリン芸術祭の一環としてのベルリン・フィルハーモニーの演奏会で、プログラムにはモーツァルトの『交響曲第三九番変ホ長調』とかバルトークの『ピアノ協奏曲第三番』とかがあった。その中でも、とくにモーツァルトの印象が強くのこっているのだが、それは何ともいえず颯爽とした、繊細だが、しかし、けっして弱々しくない、むしろ勁《つよ》い筋の一本通った演奏だった。それをきいただけで私はカラヤンに感心してしまったようなものである。それに、私は今でも覚えているが、カラヤンの演奏には、モーツァルトを、こういじる、ああいじるという作為の跡が少しもなく、むしろ、モーツァルトの音楽に導かれて、それに忠実に演奏するよう心がけているとでもいった趣きがあったのである。

それにもかかわらず、今から思うと、それがまたあまりにも隙なく見事にまとまった姿をとるにいたっていただけに、かえって、そこからあらかじめ用意された写真の像が鮮やかに浮かび上がってきたといってもよいような、そういう矛盾した感想を与える余地のあったことも事実である。というのも、音楽が、荘重できびしく、非常にゆっくりしたアダージョの導入部から、アレグロ（モーツァルトの指定は、アレグロとだけしかなかったはずである）というよりモデラートの主要部に入ってゆく第一楽章から出発して、ハイドン流の小さなリズミックな音型による主題が、栗鼠《りす》か二十日鼠《はつかねずみ》みたいにきわめて敏捷にかけまわる終楽章に向って、基本的にいって、テンポも上り坂をかけのぼるように上昇するし、音楽のさまざまのエネルギーも全体としてその方向を目標に集中してゆくようにできていたからである。正直いって、私は今、それを完全に明確に記憶しているわけではないが、その時のことを思い出そうと努めれば努めるほど、私のきいたのは、たしかにそういう音楽だったという気が強くしてくるのである。というのも、もう一つ傍証というか、この気持ちを強める材料があるからで、それは、大分古いレコードだが、かつてカラヤンがヴィーン・フィルハーモニーを指揮して『交響曲第四〇番ト短調』を入れたものがあり、それは私がひところ、とりわけ好んできいたものなのだが、ここでは第一楽章のアレグロ・モルトに比べて終楽章のアレグロ・アッサイがずっとはやくなっているのであるが、それだけでなくて、音楽としての流れが、まるでベートーヴェンの『第五交響曲』のように、終楽章に向って集中し、高まってゆくように設計されているのが、はっきりわかる演奏になっているのである。それに、第一楽章では悲劇的でありながらも、そこに一抹の優雅な趣きが漂っているのがこのレコードでのカラヤンの演奏の大きな特色になっているのだが、終楽章では、もうそういうゆとりもなく、痛切を極めた悲嘆のほかは、すべて黒い情熱がうずまくばかりとなってしまっている。

私がはじめてきいた時のは、いわばそういうカラヤンであったわけである。

2

カラヤンは、先ごろまたベルリン・フィルハーモニーを相手に、モーツァルトの、『ハフナー』『リンツ』以下、いわゆる最後の三大交響曲にいたる、全部で六曲をレコードにいれているが、これをきくと、この間にカラヤンが経た変化の核心がわかる。その一つが、先に私のかいた何よりも楽々とした、自然で、無理のない音楽を尊ぶ態度をますます明確にしてきたことである。今度のレコードでは、ト短調の交響曲も、変ホ長調のそれも、両端の楽章は、それぞれ、曲の頭と結びにすえられた円柱のように、ゆったりと安定した姿で、堂々と立っている。しかもそれが、押してもひいてもびくともしないような安定性を獲得しているのは、どこにも無理に力を入れた跡がないからである。こわばったところが少しもない。

それは、カラヤンの指揮ぶりにもみられる。もともとが非常に柔らかな肉体《からだ》つきであることはよく知られているが、彼の動きは完全に自然で、近年になってからは、両腕が肩より高く上げられる場合は、皆無ではけっしてないが、かなり稀有になっている。

こういう身体の動きに応じて、音楽も自然に流れ、だからこそ、音に安定性が生れてくることは、重ねていうまでもないだろう。よく人びとは、カラヤンが巧妙なショーマンで、音楽をやる時、背中に聴衆の目を完全に意識し、演技していると悪口をいう。たしかにそういう時もあっただろうが、現在の状態でみると、彼はもうそういうことを超越してしまっている。どういう効果が生れるかは、それを追求している時こそ、おもしろいだろうが、どうやればどうなると完全にわかってしまい、その後も十年以上も全世界にわたって、何百回となく指揮して歩いている人間にとっては、そんなことは今さら気にするもしないもなくなってしまっていて、当然だろう。

3

そんなことよりも、カラヤンの指揮の特徴のもう一つの大きな点は、彼が近年ますますレガート奏法を重視するようになってきていることだろう。メロディー優先主義といってもよい。

先にふれた最近出たモーツァルトの交響曲六曲を集めたレコードのセットには、練習風景のレコードがついているが、それできいてみても、カラヤンが楽員に注意している最大のものは、最大限のレガート、つまり、弓を弦に密着させ、「一つの音が、その前の音から直接生れてきて、両者の間に一分の隙間もないように」演奏することである。カラヤンは「（旋律が）どこからはじまったか、きいていてわからないくらいでなければいけない」とか「はやくはじめて（弓を弦にあてて）、長くひっぱって、しかもテンポを崩さないでひかなければいけない」とかいうことを、いろいろな言い方で、たえず口をすっぱくして説いている。

私は、ここに、少なくとも最近の彼の音楽のつくり方、演奏の仕方の急所があると思う。それにともなって、彼の指揮では、ますますよく歌われるようになり、音も豊麗を極めるようになる。

と同時に、その反面では、テンポこそきちんとして保たれているし、それはきわめて快適なテンポにちがいないのだが、リズムの歯切れのよさとダイナミックな緊張度の高さという点にややものたりない点が生じる場合もみられるようになってきていると、私には、きこえる。かつては、かなり乾いた音楽もやったのに、このごろはハイドンとかバルトークとかでは、むしろ、からっとした躍動性の不足を感じさす場合さえでてきたと思うのである。一度、そういう点に注意して、きいてみてほしい。

　しかし、よく歌って、しかも、少しも力まず、無理しないというところから、モーツァルトやシューベルトでは、ときどき、本当に神品といってもよいような演奏がきかれることがあるのだが、特に、近年、私がきいたものの中で、すごいと思ったのは、アルバン・ベルク、それからヴァーグナーである。

　ヴァーグナーの音楽、つまり、いわゆる《無限旋律》という名でよばれる、あのどこまでもとぎれることなく進展し、しかも、その間に音色の上でもどんどん変ってやまない音楽は、短い動機のつみ重ねとしての旋律とちがって、今の彼の傾向にぴったりのものというべきだろう。近年の彼が、ハイドンやベートーヴェンより、先にいったようにシューベルトやR・シュトラウスに適し、バッハよりヘンデルで特にぴったりのスタイルを感じさすのは、このへんに——実は、理由はこればかりではないけれども——大いに関係している。

4

　周知のように、カラヤンは、モーツァルトと同様オーストリアのザルツブルクの生れである。だからというわけでもないのだろうが、彼は毎年のように夏のザルツブルク音楽祭に参加して、ベームとならび、いわば東西の横綱としての貫禄をもってオペラや演奏会の中心的仕事の指揮に当る以外にも、一九六七年からは、春の復活祭をはさむ数日にわたる音楽祭を開催している。こちらはもう彼が唯一の指揮者であるとともに、企画からその実施にいたるまで、すべてを一手に掌握しており、経済的責任もまた、彼が引き受けている。

私は一九六八年に出かけてそのザルツブルクの復活祭音楽祭にも行って、カラヤンの指揮演出によるヴァーグナーの『ニーベルングの指環』四部作中の『ラインの黄金』と『ヴァルキューレ』をきいたことがある。それから、同じ年の夏は、また、ザルツブルクで『ドン・ジョヴァンニ』のステージにも接した。また、別の年には、ヴィーンに行って、かつて彼がここの国立オペラの総監督時代にいろいろ演出した出しもののうち、『フィデーリオ』を、(指揮者は別だが) 彼の演出した形で上演するのにぶつかったこともある。

こんなわけで、私は、オペラの指揮者、演出家としてのカラヤンも経験したわけだが、カラヤンがそこでやる音楽は、本質的には、演奏会指揮者としてのそれと変ったことはない。要するに、ここでも、音楽の中心はメロス(歌う力)にある。だが、その歌が実に独特なものだということは、モーツァルトの交響曲をきく時よりも、ヴァーグナーの楽劇だと、より一面的だが、それだけ、より鮮明に出てくる。というのも、ヴァーグナーの音楽は、《歌と旋律》の音楽であると同時に、爛熟をきわめた和声の音楽でもあるわけで、同じ二十世紀の指揮者といっても、たとえばクナッパーツブッシュの棒できくと、この後者の濃厚にして官能的な和声音楽としての厚みと幅をいやというほど思い知らされるのだし、またジョージ・セルのような別のタイプの大指揮者できいても、正確な合奏から生れる和音の響きの重厚で精緻な味わいに圧倒される思いがする。ところが、カラヤンでは、単にいちばん私の耳につきやすい、外側の――というのも変な言い方だが――旋律だけが和音に支えられて浮かび上がってくるというのでなくて、中声部も低音部も高音部に少しも劣らぬ鮮やかさできこえてくるのである。同じ音楽が、ここでは室内楽的透明さの音楽になっているといっても誇張ではない。ヴァーグナーが不世出の天才を傾けてかいた『ニーベルングの指環』のあの絢爛《けんらん》豪華な管弦楽が、弦楽四重奏か何かのような透明さをもち、しかもそれに少しも劣らぬ高度な音色の変化で彩られている状態を想像してみてもらいたい。

カラヤンのこの考え方は、歌手の選択にもはっきり出ている。カラヤンは、ここでも、ヴァーグナーだからといって、昔流の大きな声こそ出るが声の質の美しくない歌手、発声に無理のある歌手は一切使わない。巨大さとか、英雄的な高さといったものを、多少犠牲にしても、彼は、まず発声の美しい、整った声の出る、そうして正確な歌いぶりと、確実な演技のできる歌手を選んでいる。その最も代表的なのが、女性歌手でいえばグンドゥラ・ヤノヴィッツとかレジーヌ・クレスパン、ヘルガ・デルネシユであり、男性歌手でいえばジョン・ヴィッカーズ、トマス・スチュアート、マルッティ・タルヴェラ、カール・リッダーブッシュといった人たちだということになるのではなかろうか？　もっとも、私は、この四部作の全部の舞台をみたわけではないので、この点は百パーセント確実にいう自信はないのだけれども。しかし、ヤノヴィッツひとりをとってみてもよい。日本の人たちは、彼女の発声の見事さ、ことに高音部でのコントロールの絶妙さ、それからヴィヴラートの比較的少ない、透明だがやや表情力が中立的であまり強い個性のあるとはいえない声といったことを云々《うんぬん》するが、私のみるところでは、その美声もさることながら、彼女の歌い方が過去のヴァーグナー歌いの枠から完全にぬけ出て、まるでフルートか何かの器楽の演奏でもきいているみたいな高度の純粋さをもっていること、これがカラヤンにとって彼女の最大の魅力なのではないかと思うのである。

演出家カラヤンについて、細かくかく余裕がなくなった。ひと言でいえば、この演出家としての面こそ、私には、すべてについて抜群の才能の持ち主であるかのようなカラヤンの中でも、最も弱い点だとしか考えられないのである。カラヤンが、専門の演出家の考えと衝突したあげく、オペラや楽劇といっても、要するに音楽が中心なのだから、というわけで、他人の邪魔をうけないよう自分で演出を受けもち、その演出でも、これまた、聴衆にもっぱら音楽に注意を集中しやすいように、なるべく余計な動きを排し、舞台もできるだけ暗くするという結果になる道筋は、理解できなくはない。しかし、その結果として、舞台の動きがかえって散漫になったり、空虚で退屈になったりするのでは志に反するのではないだろうか？　そうはいっても、彼の舞台には、ちょっと余人には考えつきそうにない独特の工夫のあるのも事実だが。

それにしても、一つの音楽祭を企画運営して、その芸術面から経済面にいたるすべてにわたって、たった一人で全責任をもつという人物が現れ、しかもそれがヴァーグナーのような作曲家でなく、指揮者であるというのは西洋の音楽の歴史はじまって以来、カラヤンをもって初めとするのであろう。

そうして、これはまた、二十世紀前半のトスカニーニやフルトヴェングラーの出現のあとをうけて、ついに今日の指揮者が音楽界全体の中で占めるにいたった途方もない巨大な重要さを端的に示す事実であるとともに、将来もこの通りゆくとはとても考えられないという意味では、もう二度と出てこないだろうところの、たった一回かぎりの現象かもしれないのである。

モーツァルトの演奏

1

カラヤンがモーツァルトを指揮したときの演奏というのは、ちょうどそれが、私がはじめてカラヤンをきいたときのプログラムに入っていたので比較的はっきりした印象となって残っています。

私がカラヤンにはじめて接したのは、一九五四年の秋のベルリンの芸術祭のときで、そのとき彼は、ベルリン・フィルハーモニー管弦楽団を指揮して、モーツァルトの第三九番変ホ長調の交響曲をやったのでした（そのときには、ほかに、たしか、ベートーヴェンの交響曲とゲザ・アンダの独奏でバルトークの三番の協奏曲があったはずですが、それは今は別の話です）。

何しろ評判のカラヤンをはじめてきくというので、私のほうも緊張していたのですが、そのときのモーツァルトは、実に素直というか、あまりあれこれと細かいところをいじらず、速めのテンポで、きれいに歌うモーツァルトでした。ただ、導入部のあの変ホ長調の和音が鳴る出だしは音がきちんとあっているうえに、底力のある強い充実した響きだったので、何か壮麗な儀式に立ち会うような感想をもちました。それだけにあとでアレグロの主要部となって三拍子の主題が入ってきたときの柔らかで優しい歌にはとても暖かいものが感じられたものです。

結局この交響曲をききおえて、私は、ここでオーボエをとってクラリネットが使われているということの意味が、改めてはっきり納得ゆきました。そのために、この音楽はこんなに柔らかくひびく。逆の言い方をすれば、そういう響き、暖かい秋の陽ざしのような響きの音楽を書きたかったから、モーツァルトは、わざわざ、こういう編成で曲を書いたのです。

カラヤンのモーツァルトは、実にきれいでしたが、それは、彼の功績というよりも、むしろ、彼はできるだけ虚心に音楽に奉仕するにすぎないという態度でした。それだから音楽も素直に晩年のモーツァルトの比類のない交響曲の美しさを表現できたというふうに思われるものでした。それにしてもこのモーツァルトは、同じ音楽会にとりあげられたバルトークや何かに対するときと、かなりちがったカラヤンの音楽へのアプローチの仕方と思えたので、特に強く私の印象に残ったのかもしれません。

2

それ以来、私はいくつかの機会に、カラヤンのモーツァルトをきいたわけですが、今度この六曲の交響曲を演奏したのを、テープでつぎつぎときいてみての、最初のいちばん強い印象は、「これは実に強い演奏だ」ということです。

もともと、カラヤンはモーツァルトといってもロココ風にやろうとか、特別に繊細艶美な表情をつけようとか、全然しない。それは、いま書いたように、最初彼をきいたときから、私にはわかっていました。それは、今度の演奏をきいてもちっとも変わっていない。どこをとってみても、ピアニッシモに工夫をこらすとか、特別の歌い方をさせようとかした形跡がない。

ただ、同じモーツァルトの管弦楽曲といっても、ノットゥルノとかセレナーデとかいうジャンルのものを指揮するときは別で、そういうときのカラヤンは、何ともいえない艶《つや》やかで、繊細巧緻で細緻をきわめた官能美の世界をくりひろげる。正直いって、私は、これ以上音楽による魅惑的な感覚美の世界を知りません。それはいわゆる美の極致です。

しかし、同じカラヤンが同じモーツァルトを演奏しても、晩年の交響曲となると、ちがってきます。もちろん、まったく別になるはずはありません。特に大切な共通点は、いつも、音楽がよく流れるというか、音楽がフレーズによって区切られたり、和音の柱でわけへだてされたりせず、少しもたてわりにされず、強い持続性をもって、どこまでも続いてゆく点です。

しかし、あとはちがいます。ここでは、カラヤンはモーツァルトの音楽というものを、完全に信用しているというか、右をみたり、左をみたり、あのこと、このことを考えたり、やろうかやるまいか思案したりせずに、まっすぐ音楽ととり組んでいるのがよくわかります。

私が、これらの交響曲の演奏を強いと呼ぶのは、そういうことです。何も、威嚇的な大きな音がするとか、響きが硬いとか、リズムがこわばっているとかいう意味では、ないのです。

3

もう少し具体的にいってみましょうか。

まずハ長調、K四二五のいわゆるリンツ交響曲。その第一楽章のアレグロ・スピリトーソの演奏。私はかつてこの曲を、こんなにおもしろくきいたためしはありませんでした。

アダージョの導入からアレグロ主要部の第一主題に入るまで、硬くこわばったリズムは一個所もなくて、むしろ音楽は、「自由に」流れている。そうして、そのあと、つぎからつぎとちがった楽想がくり出されてくるおもしろさ。まさに着想が無限の寛大さでつぎつぎとまきちらされるかのよう。特にまたそれらの楽想がダイナミックの点でも、音色の点でも、スタイルの点でも、それぞれひどくちがっていて、あるものはまるで、バロック的な祭典の音楽のように堂々と歩き出すかと思うと、つぎの瞬間には、やさしい抒情的な歌になる。かと思うと、すぐまた舞踏の軽快な戯れに変わる。しかも、それにつづくものが、奇妙に真面目で冥想的なものだったりする。嘆きと笑い、ドルチェとブッフォ――こういうものが間髪も入れず、交替し、変化しながら私たちの耳におしよせてくる。モーツァルトのオペラとまったく同じです。

こういう演奏は、くり返しますが、私は、今度、ここではじめてききました。

第二楽章のポコ・アダージョもすばらしいけれど、同じことをくり返しても仕方がないから、第三楽章のメヌエットにいきましょう。ここではテンポが実によい。遅めの、いかにもここにあるものが十八世紀のメヌエットであって、それ以外の何ものでもないことを物語っています。それだけに、また、終楽章のハイドン風のプレストがより生き生きとした精彩をはなつ。

この交響曲は、モーツァルトが旅行先のリンツで演奏会に間に合わすためにあっというまに書いたということは、知らない人はありませんが、大急ぎで仕上げた音楽だからこそ、こんなに無限に豊かな楽想がつぎつぎとくり出されてくる結果になったのでしょうか？

とにかく、このカラヤンのモーツァルトのセットでは、この交響曲をきいただけで、びっくりしてしまいます。正直いうと、私は、この曲は、何か少したりない気がして敬遠していたものですから、いちばんあとできいたのでした。

ハフナー交響曲。K三八五。これもとてもよい。特に第一楽章の展開部の終わり、嬰へ短調という暗い調性でひとしきり音楽があって、再現部に入るところがよい。第二楽章のアンダンテが速めで、つぎのメヌエットが、これまた遅めのテンポなのもよい対照になっています。その次の第四楽章のプレスト。これは一気のすごい速さでありながら、どこかに甘美な香りを伝えていて、この曲が元来セレナーデとして書かれた由来をよく示しています。こういうところはカラヤンの得意中の得意といってよいのでしょう。

しかし、これからあと、プラーハ交響曲以下の四曲になると、音楽はちがう次元というか、ちがう精神の世界に入ってゆく。

私はもう、その細かいことをいちいち書く余裕もなく、その気持もありませんが、それは、以下の四曲でのカラヤンの指揮が目指しているものは、疑いようのないほどはっきり演奏に出ているからでもあります。

たとえば、変ホ長調の交響曲(K五四三)のあのアダージョの導入部。王者のような威厳をもった音楽になっているくせに、同時に微妙をきわめたリズムを刻まれたこの歩みには、何というか、これを書いた人の精神のものすごい厚みを感じさせずにおかないものがある。私は、前に書いたように、この曲でカラヤンのモーツァルトをはじめてきいたのですが、あのときには、このことをこんなに痛切に感じさせられはしなかった。

ただし、このなかのヴァイオリンが三十二分音符で何回も音階を下行するパッセージが、この演奏では、ずっと管の合奏のうしろにかくれてしまっているのはどういうわけかしら? ひょっとしたら、これはマイクをやたらあちこちに立てず、比較的少数でとっているからでしょうか? この六曲の演奏が総じて、まるで生体解剖でもしたように内声の一つ一つまでこまごま透けてみえるという行き方でなく、全体としてこんなに力強くまとまってきこえるのは、そのためでしょうか? 録音技術にくわしい人にきいてみたいところです。もっともこのセットのなかの練習を入れたレコードをきいてもわかるけれど、カラヤンはこの部分で、当然のことながら、管のアンサンブルに力点をおいている。

これにくらべるとプラーハ交響曲の長大な導入部には、オペラ・セリアの序曲を思わせるくらいたくさんの楽想がつぎつぎと流れてゆく楽しさと厳しい重厚さとが共存しているわけですが、いざ、その序曲が終わって幕があくと、そこに開始されるアレグロは、オペラ・ブッファの世界のものになっている。その対照のおもしろさをこんなに鋭く、しかもはなやかに表現するのに成功した演奏はめったにあるものではない。

ト短調（K五五〇）の交響曲については、何をいったらよいでしょうか？　私は、カラヤンがヴィーン・フィルを指揮したこの曲の古いレコードをもっていて、よくきいたものです。それにくらべると、今度のは全体にやや遅い。前のはことに終楽章がすごい速さでした。だが第一楽章は今度のほうが深みをましています。ここでもどの音符をとってみても、手心を加えて、表情を和らげたり、音の流れを円滑にしようと努力している跡がない。剛直といわないまでも、勁くて悲劇的です。この曲では、前の変ホ長調第三九番と同様、メヌエットはずっと速くなっています。ということは、この最後の交響曲たちになると、メヌエットはすでに十八世紀のあの典雅な舞踏の曲であることをやめ、内面の世界の表現にずっと近寄っている。ベートーヴェンのスケルツォの生まれる日も遠くないというわけです。そのなかで、トリオだけが、小さな慰めを歌ってはいるけれども、ここの演奏も絶妙です。

最後の交響曲『ジュピター』こそ雄勁と呼んでよいでしょう。やや速めにとった第一楽章――モーツァルトの指定はアレグロ・ヴィヴァーチェなのですから、第二楽章アンダンテ・カンタービレでつぎつぎと入って模続進行をする、木管たちの扱いの見事なこと。

モーツァルトが、生存当時から、木管楽器の扱いの巧みなことで特に知られていたのも当然です。それに、私が特に好きなのは、この曲でのメヌエットのテンポです。これはアレグレットですが。このなかのトリオで、オーボエが彼のフレーズをレガートでなく、ノン・レガートできれいに吹いているのが耳に残ります。もちろんカラヤンの指示にちがいない。そういえば、この曲にはほかにも、楽譜ではスラーがかかっているのに、わざとノン・レガートで音符の一つ一つをきれいに吹いている個所がいくつかあります。その典拠がどこにあるのか、いつか知りたいものです。

それにしても、これらモーツァルトの後期の交響曲となると、カラヤンはいやがうえにも豊麗潤沢な響きで音楽をしようとしているようですが、この音をきいていると、十八世紀オーストリア・南ドイツのバロックの飾りのいっぱいついた教会や宮殿の建築を連想せずにいられなくなります。

このセットには、練習風景がついていますが、そこではカラヤンが音に名高いベルリン・フィルの楽員をつかまえて、何ともいえぬしゃがれ声で、まるで学生のオケでも相手にしているかのように「音楽家なら、そんなひき方はしない」とか何とか、手ひどい悪口をいいながら練習しているところが入っています。ベームもずいぶん小うるさい注文をつけるけれども、ここでのカラヤンはそれを上廻るしつこさです。こんなにされても、ベルリン・フィルの人びとに、カラヤンが人気があるのは、おもしろいことです。学生のオケだったら、みんなやめてしまうのではないかしら。

カラヤンのモーツァルトで……

——*maximum an legato*

1

この間、ヘルベルト・フォン・カラヤンが指揮してモーツァルトの管楽器のための協奏曲をまとめたレコードが出た。オーケストラは、彼の手勢であるベルリン・フィルハーモニー。独奏者たちも同じオーケストラのメンバーたちという顔ぶれによる演奏である。

私は、その三枚組の最初におかれたK三一三ト長調のフルート協奏曲からききはじめたのだが、針をおろすとまもなく、まるで後年の大交響曲の開始ででもあるかのように、幅の広いそうして厚味のある、堂々たる音の流れがきこえてきた。それから、これに続く音楽の歩み。

いかにもカラヤンのモーツァルトだな、と思う。

このころのモーツァルトの協奏曲ではオーケストラの前奏の導入はそう長く続かず、まもなく独奏のフルートが入ってくるのだが、そのフルーティストがアンドレアス・ブラウと知って、途端になつかしい気がした。といって、私は何も彼とつきあいがあるからとかいうわけではない。一九七一年の秋ベルリンによった時、例によって、ベルリン・フィルハーモニーをききにいったら、新しい楽員がまた何人か坐っているのに気がついた。その中でも、フルートのセクションには、みなれない奏者がふたりいる。ひとりは赤毛であごひげの、角ばった顔の男。もうひとりは、どうやら褐色の髪に長目の顔の男。何の曲だったか忘れたが、この男が、実によい音を出すのである。単に快い音というだけでなく、音楽がのびのびしていて、ききなれたふしも新鮮にきこえてくる。あとでインテンダントのシュトレーゼマンにきいたところ、これがブラウという名のまだ二十歳を幾つも出ない青年だということだった。「とても気に入った」と私がいうと、「そうだろう。あれは最近うちに入った音楽家の中での逸材だ」とうれしそうに、自慢していた。

また別の機会にゆくと、今度は、赤毛のややずんぐりしてみえる男のほうが首席フルーティストの席に坐って演奏していたが、こちらはやや渋い、肉の厚い音のようにきこえるが、しかし印象的な音楽をきかせる点ではブラウに劣るとはいえない。「ああ、あれはイギリス人だよ」と誰かがいっていたが、今度このレコードについた解説書でみると、北アイルランド人とかいてある。実際、このベルリン・フィルハーモニーというオーケストラは各国から音楽家がきて演奏していくのが特徴のひとつであるが、それと同時に、私のように、数年に一回ぐらいの頻度でベルリンにいってみるものには、ゆくたびにメンバーに新人が加わっており、その新人が、力さえあれば、直ちに上席を与えられている事実に、否が応でも、気がつかないわけにはいかなくなるのである。さすがにコンサート・マスターといったところになると、そうしばしば変るわけでもないようだが。ベルリン・フィルほどの歴史の上に実力を築きあげたところが、こういう状態であって、年功序列的な考えが通用しなくなっていることは、日本でも充分考えてみる必要がある、と私は思う。しかも周知のようにベルリン・フィルは楽員たちの自主、自営の組織であって、国とか市とかは助成金を支出しているにすぎない。インテンダントをきめるのも楽員たちだけの投票によるのだし、カラヤンを指揮者に選んだ時も、まして彼を終身指揮者に任命したのも、まったく楽員たちのイニシアティヴによって、もっぱら彼らの自由投票によって、きめられたことなのである。そういうところで、新しい血をたえずとり入れ、力さえあれば、第一でも何でも吹かせてゆく。自分たちの楽団であるにもかかわらず、既得権にしがみつかないというか、自分たちのものであればこそ、そういうことをやらないというのか?

話が横にそれてしまったけれども、レコードをきいた途端に思いがけずブラウのフルートがきこえてきたので、ついなつかしく思ったというのは、こういった次第なのである。

だが、私がここで考えてゆきたいと思ったのはそのことではない。はじめにオーケストラが出てきた時に、「ああ、カラヤンのモーツァルトだ」と思った、その「カラヤンだ」というのは、どういう内容だったか、それをもう少し具体的に考えてみたかったのである。

2

このブラウをはじめてきく前、つまり一九七一年の春、私は、同じカラヤンとベルリン・フィルの組合せによるモーツァルトの一連の後期の交響曲のレコードをきいた。これは同じ年の秋に日本でも発売になった。そうして、私は、この日本盤の解説書に何かかかせられることになったので、レコードをきいたのだった。

その時の耳の記憶があったので、今度の協奏曲のセットのレコードをきいた途端に、ああ、この音だ、とピンときたのは当然である。録音の条件とか技師とかは同じではないようだが。

だが、私が、カラヤン＝モーツァルトのアイデンティティを感じたのは、ただ音が同じだというだけでもなく、その音の流れ、その流れのつくる音楽が、また、同じだからであった。

といっても曲そのものが別なのはいうまでもない。今度のは協奏曲、前のは交響曲。だから同じというのは、カラヤンが、モーツァルトについて、考えていること、モーツァルトを通じて求めていることが同じなのである。それはまた、あえていえば、カラヤンが音楽について追求しているものといってもよいのだろうが、いまは、そこまで話はひろげまい。

この交響曲のセットは、いわゆる最後の三大交響曲だけでなく、その前の『プラハ』『リンツ』『ハフナー』の三曲が加わって、全部で六曲からなっている。

私は、その中の『リンツ』をきいた時、はじめびっくりした。休止符のとり方が、私のこれまで知っていたのとまるでちがうのである。というより、ことに冒頭では休止がほとんど全くなく、いっぱいのレガートで続いてしまっている。そうして最初のこの休止符つきの動機が一段落したあとにはっきり目立った休みが来る。それだけにこの休止はすごく効果的なのであるが、さらにそのあとの動機がまた極めて荘重に入ってくるので、さほど大規模ともいえないリンツ交響曲の導入部が、うっかりするとベートーヴェンの交響曲の導入部か何かのようなスケールと深さをもったもののようにきこえてくる。

私は、これをきいたあと、改めてブルーノ・ヴァルターの指揮した同じ曲のレコードをだしてきて、かけてみた。ヴァルターでは、そんなことはない。最初の休止符からして、一つ一つが正確にモーツァルトによって与えられた通りを守っているので、ティンパニはきちんと四分音符をたっぷりきかせ、弦と木管は八分音符を鳴らす。そうして、その残りは文字通りの休止なのである。その結果、この音楽はやや乾いた、即物的な開始をもつことになる。それはまた、全体としてもこれに続くアレグロの規模と性格に対し、より均衡のとれた導入部としてきこえる。

もういちど、カラヤンにもどる。すると、ここではまるでモーツァルトが休止符などかきこまなかったかのように、音たちがたっぷりとレガートでみたされ、ひとつ、またひとつと、ぴったりくっついて、前進してゆくのである。またその音は実に美しく、みたされている。これだけで、すでに、私たちはカラヤンにとっては、およそ美麗を極めた旋律の線の持続体こそ、音楽として追求すべき最高の価値をもつ姿であると、高らかに告げられるような気がしてくる。そうしてあとをきくに従って、これが、単にアダージョの導入部だけにみられる癖とか何とかいうものではなく、アレグロ・スピリトゥオーゾの主部に入っても、ずっとそうであるばかりか、一口でいえば、六曲の交響曲の演奏にわたっての根本の原理となっているのがわかってくるのである。

フルート協奏曲の出だしをきいて、「ああ、カラヤンだ」と私が即座に思ったのもまず、豊かにはじまり幅広くひろがってゆく、その開始の流れそのものの中に、同じ原理がはっきり読みとれるからだったのだ。

3

この交響曲のセットには、一枚、練習風景の納められたレコードがついている。それをきいてみると、カラヤンが、楽員たちから求めているものが、決してはっきりした完全な言いかたとしてではないけれども、それでも、言葉の形に変えられて、表されている。

なかでも、第三九番の交響曲の第一楽章の導入、アダージョからアレグロに至る箇所の練習風景は、この今日生存している指揮者の中でいちばん人気の高い人がモーツァルトをどう考えているかを示す上で特徴的なものが幾つも出てくる。

はじめのあの変ホの和音でまず、彼は、管たちが、フレーズの終りの*p*でいつもクレッシェンドするのをつかまえて、「これはまったく悪い癖だ」と叫んで訂正さす、そのあとで彼の口から「その始め方がいけない、Das fängt ganz ohne Kern an（そこは、そっと、まるで音に芯がないみたいにごく柔らかに、そっと始まるのだ）！」という言葉が出てくる。

同じ考えを表す言葉は、再三出てくる。「Da darf man überhaupt nicht wissen, wann's los geht（そこでは、いつ始まったか全然気がつかないようでないといけない）」

「Ja, hin und her oder rund oder was Sie wollen. Nur es soll leise, zusammen, bestimmt und vor allem schön sein（そこは、ああやろうとこうやろうと、諸君のお好きなようにやって結構。ただ、どんなことがあっても、静かで、がっちりまとまり、なかんずく美しくひかれなくてはいけない）」

「Nein, es war schon schön, nur das Maximum an legato. Vor allem, dass jede Note aus der anderen entwickelt wird（いや、あれでもうきれいだった。ただ、最大限度レガートでやってくれたまえ。何よりも、どの音もみんなその前の音から発展してくるような具合になるよう）」

こうしてきいていると、カラヤンが、どんなにレガートを重視しているかが疑いようもない明確さでわかってくる。「どんな音もみんな、前の音から生まれてきて、音と音との間に隙間ができないよう、最大限度レガートでひくこと」、しかもその際、いつフレーズの最初の音がはじまったか、気づかれないように出だすこと。「früh anfangen, lang spielen und im Tempo bleiben（早くはじめて、ゆっくり弦をうごかし、そうしてイン・テンポで、ひくこと）」

これが、彼の求めるこの第三九番交響曲のアダージョの音楽の根底なのだし、それはまた、少なくとも、このセットにある全六曲を通じて変らない。私がはじめに『リンツ』の導入で驚いたのも、カラヤンがモーツァルトの指定したこまかな休止を、ほとんど無視するくらいにして、レガートで、早くからはじめ、たっぷり弓をつかい、しかもイン・テンポで、美しく歌わせようとしているからだったのである。

だからといって、カラヤンが音楽の中でのリズムを軽視しているというわけではない。「ここは断然リズミックに」という言葉も出てくる。しかし、ここでも、アクセントのためのアクセントをつけようとしたものは、カラヤンの敏感な耳の警戒線を突破できず、すぐ槍玉にあがる。

「アウフタクトは強調する、わかったね？　アウフタクト。じゃ──ちがう、ちがう、ちがう。今のは、君、アクセントだ。私たちは原則として心得ていればいいんだ（多分アウフタクトを強調するということをさすのだろう──吉田）。だが、今のはアクセントだ。それじゃ、いけない」

「Es muss die Vierteinnote sein, nur lassen Sie sich nicht dann verschleppen für den nächsten Aufakt ── und, es geht direkt überbrücken und trotzdem muss 'ne Pause sein, bitte, dann kommt nämlich der Aufakt immer später（それは四分音符じゃなければいけない、ただつぎのアウフタクトのためにずるずるべったりにのばしては困る──音は前の音から橋がかかったようにじかに滑らかにゆく、しかもその間に休止がなければならない。それができないとアウフタクトがいつもおそくなる）」（これは第四〇番交響曲の第一楽章モ

ルト・アレグロからの抜萃)

4

以上でもう、充分すぎるほど充分だろう。カラヤンの考えていることは、歌の最優先であり、事実、変ホ長調交響曲のある箇所などでは、まるでヴァーグナーの楽劇のような無限旋律がきこえてくる。ダイナミックやリズムは決して軽視されているわけではないのだが、しかし、メロスに奉仕するのが最大の役目となる。ただ、そのメロスは、カラヤンがたえず注意するように、いつはじまったか気がつかないような軽くて敏感で柔らかな足どりで、そっと開始され、玉虫色の艶をもって、微光を放ちながら、息のつぎ目がわからないようにごく自然の呼吸の中で、かけぬけてゆく。

そういう響きの音楽に化された全体の中で、テンポのまとめ方は見事というほかない。大分昔のことだが、私は、カラヤンがヴィーン・フィルハーモニーを指揮して入れた四〇番交響曲のレコードをさんざんきいたものである。それは、全体もはやかったが、特に終楽章にいたっては息をつく暇もないくらいはやかった。明らかにカラヤンは、モルト・アレグロではじまった音楽がアレグロ・アッサイで終るということは、ベートーヴェンの第五みたいに、すべてが終楽章に向けて集中的に馳せ参じて来て、そこから疾風のように駆けぬけてゆく音楽を指すことでなければならぬと考えたのだろう。

だが、現在の彼は、そういう行く先をあらかじめきめて、それに向かって音楽を駆り立てるようなことはあきらかに卒業してしまった。全六曲を通観してみても、はじめと終りのアレグロは、いつも、見事にバランスがとれた、豊麗で安定した円柱のように、作品の入口と出口をがっしり抑えている。

以上が、私のみた、現在の「カラヤンの描くところのモーツァルト像」である。

私は、このモーツァルトが好きだ。しかしこれがモーツァルトのすべてでないことは、これがひとつのすぐれたモーツァルト像だというのと同じくらいはっきりしているといってよいだろう。むしろミロのヴィーナス式の豊麗な美女のタイプは必ずしも、モーツァルトの夢みた美とは少しちがうのではないかという気がする。

カラヤンとディヴェルティメント

I

　もう何年前になるか、イ・ムジチ弦楽合奏団が東京に来て演奏会をした際、例によって、はじめはヴィヴァルディだとか何だとかのイタリア・バロックの合奏曲が幾つか演奏されたのだが、休憩の後、それもたしかプログラムの最後に、モーツァルトのK一三六の二長調のディヴェルティメントがひかれた。

　それが始まった時、私は急に目まいがするような感動を覚えた。それはまるで暗いところから透明な光の風景の中に突然出た時に感じる目まいに似たようなものだった。いや、それまでヴィヴァルディたちが暗かったわけはない。だが、モーツァルトの音楽は、その夜それまできいていた音楽とまるで違う性質の光を放射するのだった。その上に、音楽の進む、その速度、それに伴っておこる微小だがしかし歴然たる変転の継起の速さ。そういうものが、彼の音楽を、彼自身があんなに愛し嘆賞し、貪欲にそこから数えきれないほどたくさんのものを摂取したイタリアの大家たちの音楽とは、まるで、ちがうものにしてしまう。イタリアのバロック末期から前古典期の作曲家の音楽には、もっとリズムの音型と反復とか、簡単な模続進行とかを基調にした、長い持続の時間がある。それが、モーツァルトになると、同じような手法はふんだんにみられるにもかかわらず、まるで前途を予測させないような変化に、いつ不意討されるかわからないような、ある戦慄の影によって脅かされる。そのくせ、音楽は、少しも不安定な印象を与えないのだ、不思議なことに。それは全体としてそういう聴後感を与えるだけでなく、不安やかげりの起こったそのあとも、間もなく、それが光によって解消するか、少なくとも、そういう経過をたどらずに、次の不安にかけ入ることはない。それは子供がわざと道をまっすぐに歩かずには、数歩ごとに川のふちまでかけよってそのそばのごく細い土手の上を渡ってみているので、みるものはついはらはらしかけるのだが、そう思う間もなく、本人はまた何気なく戻ってきて、こんどは片側の壁のそばによって一本足で跳ねてみる、といった趣きに似てなくはない！

まあ、こういうたとえは、いずれ、当たっているような、全然違うようなものだ。

しかし、私のいいたいことの本筋は、モーツァルトの音楽が鳴る時、私たちの胸がときめかずにいないのは、そこに安定と不安定の全く独特の交替、交錯があるからだということであり、これをもっと抽象的にいってしまえば、この音楽はいつも形を——ある時はかなりわかりやすく赤裸々に、ある時は少し複雑によりかくれた仕方で——保っているから、ということになる。

　私のいう形とは、ソナタ形式とかロンドとかいう、そういう《形》の意味とはちがう。また、それは四小節単位のいわゆる音節構造の明確からくる、音楽の分節の明らかさというのでもない。この全部を含んでいるが、しかし、もう少し別のものでもある。

II

　普通第一番ディヴェルティメントをはじめとして、モーツァルトは一七七二年の一月から三月にかけて、三曲のディヴェルティメントを書いた。ヴィゼワ＝サン・フォワの研究によると、この三曲はいずれも何かの理由で、モーツァルトが大急ぎで書きあげたもので、筆の走りの速さは、楽曲の小ささだけでなく、いわばそれまで彼が学び、手に入れていたイタリア派の書法とミヒャエル・ハイドンのそれとの影響をかなり露骨にみせながら、一瞬の躊躇の跡もみせず、一筆にかき進めてゆく、その筆触の速度にも、はっきり出ているのだそうである。

それは、私たちでも、きいていれば、わかることだ。ここにはあの未曾有の速さで世紀の中を駆けめぐり、その文字通りすべてにふれ、数えきれないほどの傑作、名作をのこしながら、三十六歳という若さで死ぬように定められた人間の一瞬一瞬の生命の燃焼の濃度の高さがある。そこには一刻の猶予もなければ、立ちどまったり、訂正したりする時間も与えられていないのだ。それは、彼の主題が、この曲の場合、天から降ってきたみたいに下降するのと、その間、時間の針のように時を細かく刻む中声やバスの組合せの中に象徴されているといって間違いではなかろう。ただ、あんまり強い自発性をもって下降してきた旋律は、三小節目になって、小さな渦をまいて、ニ音を中心にぐるぐる廻りだす。そうして、やっと、ほかにゆくのをあきらめたように、ニ音に落ちつく。もちろん、また、新しく、そこから出発するためではあるが、しかし、こんな短い経過の中でさえ、私が前に書いた、安定と不安定の小さな交替があり、そうしてその結論がある。

全くモーツァルト的な開始であり、また進行である。この三小節と一拍は、すべて、ニ長調の主和音の反復以外の何者でもないのだけれど、そこにこめられたエネルギーは生き生きと動いており、しかも、同じところをまわるのに費やされているにすぎないともいえる。

だが、これは、つぎにくるものの用意だろうか？　もし、そうならば、これは、完

48.

全終止はしているけれども、いわばアウフタクトとして、初めより終りの方にかけて強まるべきだろう。だが、もし、そうでなく、それ自体で一つの完結であるとしたら、それは強くはじまって、安らかな解決におちつくべきだろう。

今、レコードできいてみると（Ph SFL七六〇五）、イ・ムジチの演奏では、後者の解釈をとっている。というのは、はじめに最高者のイ音に一番力がこめられ、四拍の中で、中央に向かって一つのクレッシェンドをしたあと、ごく控え目にデクレッシェンドしながら嬰へ、ニ音と下降してきたあと、小さな渦に入る。これは正に《歌っている主題》としての提示である。音の力はやさしく高まりの流動の中で解消されてゆく。

こういう歌うモーツァルトに対して、ヴィーン八重奏団を比較にきいてみると、（L SLC一六三三）、ここでは、はじめのアタックにまずアクセントがある。イ音は、軽くはじまり中途でふくらみ、そうして弱まりつつ柔らかいつぎの音に移ってゆくというのでなくて、はじめにかっちりした音があり、ついでやや和らげられながら、嬰へ音、ニ音と移る。その時もいつも音の開始は明確であり、しかも、なるべく、三度ずつ下降するその音たちの間で力の均衡が保たれ、決して力んではいないが、しかしここには、すでにこれが三和音の分散下降であるその性格が損われない程度の音の力の平均化があり、平らな均衡がある。これだけでも、彼らの和声の上に立つ楽想という把え方が明らかになる。だから、ここでの内声から低音の刻みも、和音の性格を提示するのに役立つ力点がおかれている。それに恐らく、もっと大切な点は、これらの刻まれるリズムが、この音楽の四分の四という拍子を明らかにしていて、最初の強拍でのはじまり同様はっきりアクセントがつけられ、ついで、ミーターの周期性とアウフタクトとしての性格にふさわしい力の配分が行なわれていることだろう。

49.

　私は、演奏者たちがこういうことを特に意識してやっているのだとは考えない。むしろ、それぞれの演奏者たちが身につけ、彼らの血管を通っている音楽そのものの性格が、それぞれ歌謡的なのと、和声的小節的リズム的なのによるためであると考える。

　この中間をゆくのが、カラヤン指揮ベルリン・フィルハーモニーの人びとの弦楽合奏による演奏である（G　SMG二〇五九）。この独墺系指揮者のなかでいちばん強くイタリアニズムへの接近をみせている大家は、旋律での扱いでは、イタリア人たちに近く、しかしバスの扱いでは拍節のリズムとしての性格を出すことに旋律と同じくらいの注意を払う点で、オーストリア的である。といっても旋律は、ここでは、イ音の上で一端丸くアクセントを置いて上下したのち、つぎの音に移るのであって、イタリア人たちのように三つの主音が一息の流れを形成しているというのとは少しちがう。そこから旋律だけにアクセントの大部分があるのでもなければ、旋律は比較的平坦で特性的でなく、どちらかといえば、拍節に重厚味が感じられるというのでもない演奏、つまりこの両者の異なった性格の共存から生まれる緊張を持った演奏が生まれてくる。ここでは、いわば、モーツァルトの音楽の重層性が、最初の主題の指示の際にすでに感得されるのである。

私は、しかし、これもまた、前の二つの場合と同様、計算、知的な配慮であるよりも、この指揮者と演奏家たちが持っている音楽の自然な現われと考える。カラヤンについては、日本ではある種の誤解が強いと思う。最近のカラヤンの指揮をきけば、その誤解もあるいは変わってくるのではなかろうかとも考えられなくはないけれども、とにかく、私は最近一年間ヨーロッパにいて、バルビローリのほかは、カラヤンぐらい、オーケストラの自発性を信頼し、彼らの能力というよりも音楽性に演奏の多くを委ねながら、その上にのって音楽をつくってゆく指揮者は、ほかについに経験しなかった。もっとも、私は、彼をベルリン・フィルかヴィーン・フィルと協演した時以外はきいていない。だが、少なくとも、これに関する限りはそうである。それにしても、この人が指揮をすれば、どうしても彼の音楽になる。それも事実である。

同じ曲に戻って、もう少しみてゆこう。ヴィーン八重奏団の演奏は、全曲をきき終わってみて、まず、ダイナミックスの抑制、控え目と、速度やアーティキュレーションの慎重なおちつきなどが耳に残る。これをこの若い天才が作曲したのだとすれば、彼は十六歳にして、何という落ちついて自信にみちていたことだろう‼ それも、また、事実にちがいないのだ。私たちは、もちろん彼に出会ったことはないのだけれど、彼の本質はその作品にもっともよく現われているのだろうから。そうしてヴィーン八重奏団の演奏は、どこをとっても、演奏の一貫性と純一性の上で、見事な調和を示している。これは伝統の純正さを示す証拠にほかなるまい。だが、反面、恐らく第一ヴァイオリンの音色の渋さの反映でもあるのか、ここには、ある種の小ぢんまりまとまった地方性というか、プロヴィンシャルな特質と限界があるように感じられる。

その点で、イ・ムジチ合奏団のは、爽やかな躍進と軽快さでずばぬけている。ことに第一楽章が。しかしどういうわけか、もっともイタリア的なはずの第二楽章のアンダンテが案外、生気がなく、歌も、何というか息切れするのである。あるいは、これはテンポがややおそ目にとられすぎているためかも知れない。第三楽章のプレストも、決して速くないどころか、ややおそ目である。しかし、レコードできく限り——私の記憶をたどっても、たしかにこの通りだったと思うのだが——彼らの音の薄くて軽いこと。これは、まるで早春の柳の葉のような魅力を持っている。あるいは、もっともらしく美術史的なものの言いようを真似れば、これは本質的には、ロココの様式をもった演奏である。艶美というと日本語には、少し嫌らしいニュアンスもあるが、しかし、この演奏の艶やかで美麗な純度はほかにかえがたい魅力をもつ。私たちの記憶というものは、頼りないもので、経験している最中は、こういうことは生涯忘れないだろうというほど感激したくせに、その感激したという事実だけはのちのちまでも覚えていても、何で感激したか、その実体というか、くわしい中味を、もう一度しっかり思い出すのは、楽ではない。レコードをきいてみても、私は、初めにかいた、あの爽やかなモーツァルトの息吹きにふれた目のくらむような感覚、感触はよみがえってくるのだが、この人たちの響きの戯れと流れを「そうだ、これが私にあの大きな歓喜を与えてくれたものだ」と、はっきり納得するためには、今度この原稿を書くに当たって、くりかえしきいてみる必要があったのである。

それにしても、カラヤンの演奏は、このイ・ムジチと多くの共通点をもっている。ある箇所などは驚くほど似ているといっても良い。しかし楽想の転換をはじめ、表情の性格は、より鮮明になっている。それは、ダイナミックスが、物理的絶対音量的な意味でなく、その相対的な使い方のほんのちょっとした相違によって、より有効にきいているからだろう。それに小さくて目立たないクレッシェンドが、ここには、何箇所かある。第一楽章アレグロの展開部は、このころのモーツァルトのものとしては比較的長いが、それがホ短調ロ短調と転調しながら、かなり大きな新しいパッセージにぶつかる。ここは、伴奏は例の十六分音符リズムの刻みなのだが、その上に新しい旋律がのる。そういう時の旋律の表現の生き生きした新しさ。これは、やはり、カラヤンでなければ引き出せないような美しさと呼ぶべきだ。第二楽章も第三楽章も、イ・ムジチにくらべて、かなり速い。ことにアンダンテはまるで妖精のような軽い足どりだ。それに反し、プレストは、旋律はこの速度でもよく生きるが、モーツァルト特有の内声の細かくかけまわる対位線、それからバスはちょっと耳ざわりなほどの急ぎようである。チェロとバスが、このやたらと速い動きをはっきりリズムにのってひいてみせようと張り切ってやっているのは、よくわかるが、それがまた、耳を妙に刺激してしまうのである。だが、何といっても、この盤は、弦楽合奏の人数が、イ・ムジチやヴィーン八重奏団のメンバーより多いせいだろうか、演奏全体に、より交響的な性格が強く聞こえてくる。

III

同じディヴェルティメントでも、第二番K一三七は、また趣きの違う音楽である。作品の出来といえば、この曲は前の曲より一層手っとり早く作られた感じを与える。

50.

それを別として、演奏のスタイルという点からみると、ここではカラヤンとベルリン・フィルのそれと、イ・ムジチのとは、対照的になる。それというのも、第一楽章のアンダンテは、譜例50のように始まるのだが、この旋律は、見てもわかるように、レチタティーヴォ的性格のものだ。第二、第四小節の和音のもつ役目は、セッコのレチタティーヴォにチェンバロがつける和弦みたいなものだが、そこでモーツァルトが最初にfを、つぎにpをつけた意味を、どうとったら良いのか？　イ・ムジチは、どちらも軽くさっとやり、カラヤンはどちらにも、重い響きを与える。そこからまた、それに先立つ第一、第三小節のソロのふしの性格が逆に変わってくる。カラヤンでは、何か劇的なものの開始を予告する合図のようなものだし、イ・ムジチでは、それ自体がもう歌であるような旋律となる。

二つの対立する解釈である。私も考えてみたが、そのどちらがより正しいという根拠はどうにも思い当たらない。それに、この両者は、どちらもイタリア式雄弁の悲愴がりという悪趣味とは全く無縁なところで音楽している。モーツァルトは、どんなにイタリアニズムが濃厚であろうと、いわゆるドイツ的内面性とダイナミックな抒情性を失ったことはついにないのだ。しかしまた、彼は、ドイツ人の中でもっともイタリア的なものへの触感と色感にとんだ音楽をかいた人である。この両者の共存から、モーツァルトの音楽は発展していった。一七七二年のディヴェルティメント群は、早くも、そのことを示している。

ディヴェルティメント第一五番、他

ヘルベルト・フォン・カラヤン
ベルリン・フィルハーモニー管弦楽団

カラヤンがベルリン・フィルハーモニーから別れるという話は本当かしら、ね。いや、多分、本当らしい。カラヤンとフィルハーモニーの楽員たちの間では、もう前々から、何度も摩擦があったようだし、彼もいつぞやの大怪我で手術を受けて以来、身体の動きがずいぶん不自由になったことは、私たちのように、ＴＶでみるとか、来日公演の折とかに、たまに見るものにも、はっきりしていたのだから、いずれにせよ、いつまでも、あのオーケストラの常任として坐り続けているわけにいかないのはわかっていた。

しかし、いざ、両者の仲が決定的に悪くなり、縁がきれてしまったのだとすると、やっぱりさびしいことである。「カラヤンがいなくなったあと、誰が後任になるか」という話より、私には、いままでいろいろと楽しませてもらった両者の組合せの演奏のあれこれを思い出し、なかで特に印象の深かった時のことを、哀惜する気持ちの方がずっと強い。

今回は、その中の一つを書こうと思う。

この間、ある機会で、数分しか使えないのだが、モーツァルトの音楽から一箇所もって来るとしたら、どんなレコードがあるかしら、という話になった。そういわれたって、無理な註文というもので本当に困るのだが、それを承知で、どうしても、と粘られているうち、モーツァルトが二十歳だか二十一歳だか、ザルツブルクの宮廷が嫌で嫌でたまらなくなったのに、離れられず、良い加減腐っていた当時かいたディヴェルティメントの中の一曲、K二八七の変ロ長調の第四楽章アダージョがどうかしら？と思いついた。

これは私の大好きな音楽である。モーツァルトが年をとって（？）、ヴィーンに定住してからの作品を考えただけでも、数多くのピアノ協奏曲や『フィガロ』以下のオペラ、それから最晩年のクラリネットと組み合せた曲、『レクイエム』と数えてくると、どの種目をとっても、良い曲があって、一曲に絞りきれないということは、いまさらかくまでもない。しかし、その中で、私は、いまいった二十歳前後の若いモーツァルト――もう神童の時期はすぎ、生意気盛りの少年期もやっと終え、大人になったかどうかの人間としてのモーツァルトのかいた音楽に、ひどくひかれる時がある。

少年と大人の間の、人間としても、ひとつの境い目、大げさにいうとひとつの危機の割れ目がのぞいている何年かの間。その間にかかれた音楽。

このディヴェルティメント（第一五番）をはじめてきいたのは、戦後、毎日毎日の生活をきりぬけるのに心を砕き、荒涼たる廃墟がまわりにまだいっぱい残っていて、音楽をきくなんて余裕はほとんどなかったころのある日だった。そのころは毎日きまった時間にクラシック音楽を放送していたアメリカ占領軍のラジオ（ＦＥＮＴＯＫＹＯといったかしら）があった。その中である期間、トスカニーニ指揮のＮＢＣ交響楽団の中継だか録音だかが、ずっと続けて放送されていたことがあり、私は、それできいたのだった。

トスカニーニのは、ご承知の通りの指揮で、モーツァルトといっても、早口で歯切れよくしゃべったり、歌ったりするようなスタイルの演奏だった。この曲でいうと、メヌエットがとても良かったし、フィナーレの、あのレチタティーヴォみたいな導入があって主要部に入るロンドなど、正に胸のすくような快速調でとばしながら、歌うところは朗々と歌う快演だった。それをきいて、私は文字通り心を奪われた。ヴァルター流の穏和で気品の高いモーツァルトも、もちろん、悪くないけれど、これこそ、イタリアのブリオをもった、精気溌剌たるモーツァルト。若い天才の筆からほとばしり出る音楽と思った。

だが、その中で、この第四楽章のアダージョを、トスカニーニがどう演奏させたかは、どうも思い出せないのである。当時のアメリカ第一を誇るNBC交響楽団の弦楽のアンサンブルのことだから、一糸乱れず、高々と歌い続ける音楽としてだったろうと、想像はするのだが、覚えてない。どうしてだか、思い出せない。

それから、ずっとあとになって、同じ曲を私はカラヤンとベルリン・フィルの組合せできいた。久しぶりの対面という感じで、きくにつれ胸が高鳴る。特に、第四楽章のアダージョでは、気がついてみたら——思いもかけないことに——涙が出ていた。

カラヤンがトスカニーニから出た指揮者であることは、忘れてはいけない。彼に、フルトヴェングラーと同じことを求めるのは、正に、木によって魚を求めるのと同じ愚かな望みである。

私は一九五四年の秋、はじめてベルリンでカラヤンのモーツァルト（第三九番変ホ長調交響曲）をきいた。そのモーツァルトは、完全にトスカニーニの流れを汲む「速いモーツァルト」だった。トスカニーニより、もっと雄弁に、さわやかに走ってゆくモーツァルトだったといってもいいのかもしれない。

ところで、第一五番のディヴェルティメントの話に戻ると（今手元にあるCDには、この曲とK五二五の『アイネ・クライネ・ナハトムジーク』が組み合せてあって、K五二五のほうは、一九八一年二月の録音、このディヴェルティメントは一九八七年九月、ベルリンのフィルハーモニーでの録音とかいてある）、はじめてきいた時から、このアダージョが気に入った。甘美で極彩色の絵をみるような趣味なのだが、それでいて、ちっとも鼻につく俗悪な臭気をもっていないのである。大ざっぱにいえば、ドラクロワ、いや、ルノワールの絵のような感じである。この楽章は弦楽器だけのアンサンブルで四声でかかれ、第二ヴァイオリンとヴィオラには弱音器がつけられる。そうして、バス（チェロとコントラバス）はピッツィカートでひかれることが多いから、結局は、第一ヴァイオリンのひく旋律一本で、つぎつぎと紡ぎ出されてゆく音楽といってもいい。ほかの楽器は和声を支えるか、旋律がちょっと息を入れて一休みする間、小さな合いの手の旋律をひくかするぐらいのもの。だから、ハイドンの有名な『セレナーデ』の第二楽章と同じようなスタイルといってもいい。

あるいは、バッハの音楽の中に時々ある旋律一つでかき出し、かきつづけ、かき終えたといってもいいような作法の音楽であるといってもいい。

カラヤンは、もちろんベルリン・フィルの弦楽をフルに動員してひかせているわけはないが、それでもかなり肉づきの良い響きになっているところをみると、各パートが一人か二人といった室内楽に近い小人数の編成にしているはずはない。

それでいて、響いてくる音は柔らかくて厚くて——そう、日本産の最上質のビフテキみたいな味がする。

[譜例]

そういう響きでもって、モーツァルトが声や弦を使った時よくやる、あの大きな音程での飛躍をまじえながら、旋律をたっぷりひくのである。たとえば、上のようなこの楽章の第二主題をきいていて(譜例)、こちらの胸が、キュッと鳴らないわけにいかないではないか！ 下行する音階の中でtr.を一つ混ぜたあと、突然*f*でもってe－b－esと飛躍していった末、またesに急転直下して、思いっきりtr.をひいたり……

この第二主題のはじめのモティーフにせよ、実は、その前第二ヴァイオリンで一オクターヴ下で出しておいて、つぎに第一ヴァイオリンがオクターヴ上でひきつぐ、その時は、第二ヴァイオリンは、前と同じ位置で、同じ旋律をひく。そういう時、第二ヴァイオリンは第一ヴァイオリンの影みたいに、ぴったりつきそって――しかも、第二ヴァイオリンの弱音器つきの音色を持ち続けて、はっきり区別できるようにしている。その配慮の心憎いばかり入念で周到なこと。

もう一つ。この楽章の最後の二小節の小さなモティーフはぐっとテンポを落して終るのだが、そこから、何ともいえぬ終結感が生れてくる（もっとも、もしかしたら、ここはカラヤンの発明でなくて、こうやってリタルダンドしてひく伝統が前からあったのかもしれない。というのは、アカデミー室内合奏団の演奏したCDでも、ここを同じように相当思いきっておそくしてひいている。あのイン・テンポの大指揮者トスカニーニがここをどう処理したか、覚えてないのが本当に残念である）。もう一つ、私の持っているオイレンブルクのポケットスコアでは、この二小節、「第一ヴァイオリンには、自筆楽譜ではピッツィカートとかきこんであるが、これはモーツァルトがうっかりして、かいたのだろう」というフットノートがつけてある。そういう演奏はまだきいたことがないが、一度、きいてみたい。

トスカニーニから出発したカラヤンは、年がたつにつれて、多少変化し、曲によってはドイツ伝統のパトスを盛りこんだ演奏に近づいてきた気配はある。このモーツァルトにしても、さっきいったビフテキの味がするのは、第一ヴァイオリンにいつもたっぷり以上のヴィブラートがつけられ、ハイフェッツに劣らぬ脂っこい艶のかかった音でひかれているからであって、全体としても老女の厚化粧といった感じも否めない。このごろは、古楽器を使っての演奏が多く、あんまり濃厚なひき方ははやらない。そういう趣味の変遷と演奏様式の変化に照らして考えれば、カラヤンのこれは一時代前のものだ。

けれども、このカラヤンの指揮できくと、モーツァルトがいつか身につけるようになり、このディヴェルティメントをかいているころは、すでに、完全に自家薬籠中のものとしてしまったところの――あの長調の中に、短調の和声を適宜投入し、両者の混ざりあいの中で、この上なく微妙精妙な明暗が交代する書法が、形容のしようがない美しい光沢となって、きらめいているのであって、これこそ、ＣＤできけるひとつの美の極致であるといって過言ではなくなる。こういう演奏が成立したのは、カラヤンもさることながら、第一級の名手をずらり揃えたベルリン・フィルが相手だったからこそでもあるのだ。その両者が、離れ離れになるとは、本当に淋しいことである。

カラヤンの『ドン・ジョヴァンニ』

カラヤン／ベルリン・フィル
レイミー、バルツァ、他

私は年末になると、新聞に「今年のレコード（CD）」といった記事を書くことをやって来た。もう、十年以上の習慣である。この間も、一九八六年、私のきいたレコードについて、同じようなことをかいて新聞に渡したのだが、それが新聞に出たか出ないかで、何枚かのCDが届いた。その中に、ブレンデルのひいたハイドンのピアノ・ソナタ（CD全部で四枚組のセット）があった。もちろん、あの数多いハイドンのソナタの一部でしかないし、その中の大部分は——もしかしたら全部が、すでに単発（一枚）で市販されており、今度のは、それをまとめただけのことかもしれない。

しかし、その何曲かを通してきいてみて、実に感心した。音楽が、一見、限りなく論理的であるようでいて、イマジネーションにとんだ幻想にみちているように、演奏も、率直明快でありながら、微妙なニュアンスにとんでいる。それに第一に、ピアノの音の響きが実に良い。

ブレンデルはシューマンなどひくと、音にロマンティックな肉の厚みがもう一つ物足りない感じがするのだが、ハイドンとなると、この厚くない、さればといって薄いわけでもない、いってみれば客観的で個人的臭みのない音が、ぴったりなのである。「しまった！　もう数日早く届いていたら、当然このセットを〈今年のレコード〉にあげられたのに」と、あんまり残念だったので、ここにつけ加えさせて頂く。

そのあと、また、数日してドイツの週刊紙で――日本でいえば、『朝日ジャーナル』にでも当るか。もっとも、これほど特に若者向けといった編集ぶりではないのだが――私が読んでいる新聞が届いたら、その号に、今年のレコード（クリスマス・プレゼント用）といった特集があった。これもこの新聞の毎年の記事である。そこに、このブレンデルのひいたハイドンのソナタのセットをあげた人がいるのをみた。この欄にはごく簡単なコメントがつくのだが、私だったら、このセットについて「音楽のよくわかる人に」とかきそえるだろう。このセットは音楽の愛好家で、よくわかる人にこそ最上の贈り物なのだ。

ところで、この特集の頁のトップに最高の演奏、指揮者といい歌手といい、申し分ない出来としてあげてあったのが、カラヤンの『ドン・ジョヴァンニ』だったのも正に我が意を得た（あげたのは常日頃現代音楽の推進者、よき理解者として活躍しているベルリンの批評家ブルデ。彼は日本で行われる現代音楽祭などにもよく出てきているから、日本人の間にもなじみが多かろう。私も昔会ったことがある)。「何だ、ここで彼と鉢合せするのか」と思ったが、考えてみれば、ブルデだって誰だって同じこと。おもしろいものはおもしろいし、すぐれた演奏はすぐれた演奏なのだ。ついでにかけば、今年のこの新聞の特集は私が選んだのと重なるものが多く、違うものはごく少ししかなかった。

カラヤンの『ドン・ジョヴァンニ』は、私もトップにあげたものである。

このCDが届いて、まず序曲をかけてみた時、すでに異常な緊張が伝わって来たのだったが、その緊張は、ほとんど全曲を通じて一貫して維持されている。もちろん、この長大なオペラの全部を通じ、同じ質の緊張が流れっ放しというのではない。終りまでゆく間には、いろいろな音楽の局面が現れ、緩と急が交代し、悲劇と喜劇が入りまじりさえする。そんなことはいうまでもない。

だが、序曲で、まず導入のアンダンテが、このごろよくあるように、ごく当り前のアンダンテの速さでなく、フルトヴェングラー時代(というのは、私はそれ以前のこのオペラの上演を知らないからだが)のあの峻厳で荘重なアダージョに近いおそくて幅の広いテンポであるのに気がつく。というより、その遅さに加えるのに、すごい底力をもつフォルテが何回も炸裂するので、その音の衝撃に思わずよろめきかける。そこへ、また、モルト・アレグロが突き刺すように入ってくるのだ。ヴィオラ以下の低い弦のトレモロに乗って、ヴァイオリンたちが、d－disとピアノで忍びこんできて、e－g－fis、e－h－aと飛び上るように躍動する時は、文字通り、一陣のつむじ風が横なぐりに私たちに襲いかかってくるのを覚えずにいられなくなる。

本当にはやい、モルト・アレグロ。

カラヤンのモーツァルトには、昔からこういうところがあったのである。そのいちばん典型的なのが——これはいつかもかいた覚えがあるが——何十年か前、まだこの人が、そうして私たちも、今よりずっと若かったころ、ヴィーン・フィルハーモニーを指揮してモーツァルトのト短調交響曲とハイドンの『ロンドン交響曲』ニ長調を組合せて出したレコードで、あの時のモーツァルトの交響曲のはやいこと！　技術優先の完璧主義者で音の感覚的な面を重視しすぎて精神的な面をおろそかにしているといったカラヤン評の横行する中で、このモーツァルトは、強引なまでにはやく、自信満々、身体中が覇気と精気ではちきれんばかりの指揮ぶりであった。「モーツァルト演奏の伝統がどうであろうと、私は自分の信念でやり通す。ききたまえ、これが私のモーツァルトだ。」

カラヤンには、モーツァルトに限らず、時々力まかせに音楽をもっていってしまうような強引なところがある。その上、この人は、作品によって、オーケストラでつくり上げる音の質を大きく変えてゆくというところがあんまり目立たない。「ベートーヴェンもR・シュトラウスも、バッハもブラームスも、モーツァルトもプッチーニも、みんな同じ音でやる」といってしまったら間違いだけれど、しかしどちらかというと、こんなに違う音楽たちが、彼の棒できくと——純粋に音の響かせ方という点からだけいうと——、比較的同質になって、きこえて来やすいところがあるのである。私は、カラヤンという人のことを、これまでもいろいろ考えてきたが、彼にものたりない点があるとすれば、それはつきつめたところ、この作品によって、音のつくりを変化さすという点で、時々、難があるからではないかと思うようになった。

「カラヤンの指揮でイタリア・オペラをきくと、プッチーニでもヴェルディでも、オーケストラの音が前に出すぎて、歌がきこえない」と批評する人がいる。なるほど、レコードできくと、そういう気味がなくはない。私個人はかえって、これも一興。いつもは、あんまり歌ばかりで、「音楽」としてのおもしろさが半分しかないと考えもするのだが、しかし、こういう結果になるについては、カラヤンが何でもかんでも正面に出てきて、自分の音をきかせたがるからというのでなくて、むしろ、歌手を支えることを心がけていても、彼の下でオーケストラが鳴りすぎてしまうからであり、それというのも、彼がヴェルディでもヴァーグナーとあんまり変らないみたいに鳴らすからではあるまいか、と、このごろ、私はこういったふうに考えるのである。

モーツァルトに帰ろう。そのカラヤンの鳴らすモーツァルトは、軽くて明るくて優美で――一口にいって、ハイドンと同じ十八世紀後半の小規模の管弦楽の響きではないのだ。ひところの「古楽器ブーム」から「歴史的演奏様式の尊重」といった風潮のおかげで、私たちも、このごろは、いわゆるバロック音楽からバッハ、ヘンデル、ハイドン、ベートーヴェン云々云々と、それぞれの時代と様式の変遷とともに、彼らの管弦楽作品の「響き」がどんなものだったろうかという点での知識も経験も増えてきた。この間も、ブリュッヘン指揮十八世紀オーケストラのベートーヴェンの第一交響曲とかをききながら、私は、これまでベームやバーンスタインできいてきたものとの違いをつくづく思ったりしたものである。

モーツァルトのオーケストラの音だって、ヴァルターやベームの鳴らしたのと、ホグウッドのそれとでは、ずいぶん違う。そういう時、カラヤンのモーツァルトは、もう、ちょっと古風に見えたって不思議ではないはずだ。

ところが、例のト短調交響曲とか、この『ドン・ジョヴァンニ』などをきくと、年増の厚化粧などという感じは全然しない。文字通り、今、目の前で精気はつらつと生きて動きまわっている音楽である。

それも、なんとすごい音楽だろう！　音楽の極めて高度な充実と、数あるこの大天オのオペラの中でもとびきり上質の演劇的な深みを湛えた『ドン・ジョヴァンニ』を扱って、これほど真正面から、これがもつ甘美と苦渋、死と愛とが肌を合わせている音楽を鳴り響かせるのに成功した演奏は、まれにしかないのではないか。少なくとも、私は――かつてきいたフルトヴェングラーの指揮によるザルツブルク音楽祭での上演を入れても――、ほかに知らない。

以下、あんまりこまかなところまで具体的にふれられないけれど、まず序曲から第一幕第三場のドンナ・アンナとドン・オッターヴィオの復讐の誓いまで、一息にもってゆく音楽の運びの巧みさ、いや、すごさ。それから第九曲の四重唱での絶妙な開始、展開、終結と進めてゆく見事さから、ついで第一〇曲のアンナとオッターヴィオの問答（アンナがあの夜の犯人はやっぱりジョヴァンニだったと直観して、それをオッターヴィオに告げる。と、前から果してあの夜何があったのか、犯人はアンナに対し本当に何をしたのか、どこまで彼の目的をとげたのか、それが気がかりで仕方がないにもかかわらず、アンナに向って直接口にして問いただすのははばかられるので、困っていたオッターヴィオは、アンナの口から、その一部始終をきいて、胸をなでおろす〔これで息がつける！ Ohimé, respiro〕）。そのあたりの呼吸の隙間のないやりとり。さらにそれに続くアンナの大アリア（Or sai chi l'onore rapire a me volse）。この辺もきいて、やっぱり大指揮者の棒だなと思うのである。

アンナ・トモワ゠シントウやアグネス・バルツァを並べた女の主役の歌の優秀さはいうまでもないが、ツェルリーナを歌うキャスリーン・バトルがまた巧妙で、粋で、とても田舎娘とは思われない。彼女がマゼットを慰める例の「ぶってよ、ぶって」の前のディアローグは可憐で、しかも、達者極まる自由なテンポによるレチタティーヴォの標本みたい。バトルの声は滑らかというだけでなく、黒人特有の艶をもったエロティシズムを秘めていて、彼女が最近アメリカとヨーロッパのいたるところで人気の高いのもうなずけるのである。

しかし、同じバトルは、また、例の「薬屋のアリア」となると、極めて折目正しい古典的といってもよいような歌いぶりをみせて、もう一度、私をびっくりさせるのだ。その前のレポレッロに扮したジョヴァンニがマゼットを痛めつけるところでは、比較的遅めのテンポのレチタティーヴォで、表情たっぷりの芝居をみせる。これをきいていると、サミュエル・レイミーというのは、噂に違わぬ、したたかな歌手であると納得がゆく。

これに対し、フルラネットのレポレッロはレチタティーヴォの時、それだけですでに芝居になっているようなしゃべり方をする。私の趣味ではないけれど、それなりの芸になっているのはたしかだ。

それやこれやの名歌手たち六人が揃っての第二幕第七場の六重唱。ここでのフォルテとソット・ヴォーチェのほとんど極端なくらいの対照は、この場での劇の筋書きを越えて、人間の心の闇に時々光を当てる不思議な力を感じさす。もちろん、これは主としてモーツァルトの天才のなす業だけれど、カラヤンが自分から好んで、こういうところにのめりこんでいってるのも事実であろう。

墓場での石像とのやりとりから始まって最後の大詰めに至るところも、音楽はすごい持続性をもって流れる。一体にこの演奏では、レチタティーヴォにつけられるチェンバロの扱いが控えめなのも注目される。というのも、昔とちがい最近はチェンバロがいろんな芸当をする傾向が強いようなのに、ここはそれと逆なのだ、それだけ、ここでは、歌手たちの言葉が重視されるといったら言い過ぎだろうか。とにかく、話がよくわかるほうが、私は好きである。特にレイミーのジョヴァンニのレチタティーヴォはその声をきいているだけでも気持ちが良いのだが、そこによくわかる話がつくので興味は倍加する。

大詰めの地獄落ちの場のすごい迫力。その直前のアンナの「私が残酷ですって？」のアリア！　こういう演奏できくと、私は、モーツァルトのオペラはみんな素敵だし、『フィガロ』は本当に名作だと思うけれど、いちばん力強くて、きくたびに腹の底から震駭させられるのは、やっぱり、『ドン・ジョヴァンニ』だと、改めて、考えてしまう。

ザルツブルク音楽祭は一九九一年のモーツァルト死後二百年記念の特別企画として、今から準備をしているらしいが、その筆頭に、まずカラヤンを『ドン・ジョヴァンニ』の指揮者として迎えたというのも、当然すぎる話である。もっとも、これは今年（一九八七年）のザルツブルク音楽祭での上演曲目にのっているから、実際に舞台でもみられるわけだ。

カラヤンのベートーヴェン

私の部屋の隅に、フォン・カラヤンのベートーヴェンの九曲の交響曲を入れたレコードのケースがおいてある。昨年の秋（一九六二年）、私がベルリンにいたころは、どのレコード屋の店頭にも大きなポスターが出ていて、カラヤンがベルリン・フィルハーモニーを指揮して入れたこのレコードを大々的に宣伝していた。レコード産業も、最近はますます大型化してきて、フルトヴェングラー全集だとか、ベートーヴェンのピアノ・ソナタ全集だとかいったセットがぞくぞく売りだされるのだから、当代随一の人気指揮者が、交響管弦楽団経営のドル箱ベートーヴェンの九曲の交響曲を入れるのになんの不思議もない。そういう企画は前から何度もくり返されてきた。しかし、私は特別の関心をそそられなかった。

その《ベートーヴェン交響曲全集》がいよいよ日本でも発売され、いまや私の部屋にも誰かが持ってきてくれた。だが、その後、私は、その厚ぼったいレコード・ケースが目につくごとに、ひどく気の重い思いがして、とても、これはきかれない。結局、一度も針を通さないままかえすことになろうと考えていた。

ところが、である。一体、人間の精神の動きというものは、なんと予知できないものであろう。ある日、こんな順序で、私は、カラヤンのレコードに針をおろした。そうしてかけたりやめたりしながら、四日かかって、いままでに、こんな聴き方をした。

『第二交響曲』の第一楽章。『第六交響曲』を初めから終わりまで。『第八交響曲』のアレグレット・スケルツァンドとつぎのテンポ・ディ・メヌエット。このへんでしばらくやめた。

つぎに、『第三交響曲』の全曲。『第七』の全曲。『第八』の全曲。これで時間をおいて、いま『第四』と『第九』の全曲をききおえたところである。

ベートーヴェンの交響曲を、こうやって、つぎつぎにきくなどというのが、気違い沙汰であることは、百も承知だが、何かどうしようもない力が、私をかりたてる。それを決定的にしたのは、『第三交響曲』である。

カラヤンについては、そのキャリアからいえば全ヨーロッパ楽壇に君臨しているといってもほとんど誇張ではないくらいなのに、未だに評価がまちまち——というより、大きくわかれている。これは珍しい例であろう。だが、それだからこそ、私たちは、一度はこの人物と正面から取りくんでおかなければいけないのである。彼は、現代の音楽家のある根本的な問題を、身をもって提出している。その問題は、おそらく、トスカニーニといっしょに明らかになってきたものと思われる。

現代の演奏について、今世紀の指揮者に則して考えるとすれば、フルトヴェングラー、トスカニーニ、そうしてカラヤンの三人が要となっている。

名指揮者は星の数ほどあるにしても、この三人のほかは、それを部分的にしか体現していない。

たとえば先日、ロンドン交響楽団といっしょに、ピエール・モントゥー、ゲオルク・ショルティ、アンタル・ドラティの三人の指揮者がきた。このうちモントゥーは抜群の経歴をもった人であり、これを書いている一九六三年現在八十八歳という老齢で第一線に活躍している指揮者中の最長老であるだけでなく、その背後にはストラヴィンスキーの『春の祭典』の初演のほかかずかずの不滅の功績がある〔後注　その彼も一九六四年七月ついに死んでしまった〕。私たちにとっては、十九世紀七〇年代に生まれた人が、シューベルトを、ベルリオーズを、そうしてR・シュトラウスを二十世紀の六〇年代に指揮するのに接することは、かつての音楽家たちの考えの一端を知るうえにも、またとない機会である。そうして私たちは、彼の音楽が柔軟で淡泊で、少しの無理強いもなく、しかもひどく真面目なのを知って、少なくともこの人が代表している音楽家のタイプには、音楽は官能的刺激でも極度に技術的知的なものでもなく、自然な人間的暖かさの発露であるのを確かめることができる。そこには分裂はない。と同時に、個性と音楽との接触に、構造的な問題もない。

ところが、ショルティになると、もう音楽と彼との接触は、問題を孕む。私はベートーヴェンばかりのプログラムできいたのだが、ショルティは、いわば、音楽では技術的に完璧に演奏されれば、《作品の魂》はおのずから流れでるはずだという立場にいるようにみられた。そうして音楽の精神の中心は、ダイナミックとテンポにある。アレグロの力強い持続的な流れと抒情的な旋律の歌いぶりの区別も、その点から捉えられる。だが音楽は、主としてある心的なエネルギーの流出であり、それは作品そのものの構造を忠実に辿れば、自然とそこに現われ出る筋合いのものなのだ。演奏家が、スコアからよみとって、その《表現》に特に方向づける必要はない。前に引用したルービンスタインの言葉を借りれば、彼は「演奏のかげに自分自身を隠してしまう音楽家」に属する。

その逆は、おそらく、ヴァルターだろう。ヴァルターには、音楽とはまさに心情の表出であって、同じアレグロといっても、その優しさと荒々しさ、アクセントの強弱、テンポの微小な違い、そういう《表現》の変化が、まるでちがった相貌を与える。おそらくヴァルターの音楽は、そこにこめられたHerzlichkeitの目盛りでもって、分類される無数の細部の組合わせからなっているといってもよいだろう。このほかにベームがいる。おそらく純粋に音楽的な意味でいえば、最も精密でオーセンティックな名指揮者であるとともに、現存の指揮者中ヴァーグナーとブラームスとR・シュトラウスをふったら最も信頼できる人であろう。

こう図式化してみるのも、全く便宜上の手段でしかないけれども、音楽を多層的にとらえるとしたら、まず第一にそこには感覚的な音の世界がある。物理的な次元であり、響きの世界といってもよい。それから、その響きに正しい運動を与える、いわば自然で知的な操作に対応する層がある。いわば音楽の呼吸の世界であるとともに、構造の力学的な面である。この両者を自然の次元とよぼう（これはあくまでも芸術における《自然》である）。それから、情緒、感興、アフェクトの層、つまり心と精神の次元。素朴な聴き手に感激を与えるのにいちばん力があるのがこの層であると同時に、大多数の聴き手にとって、感動はこの力からいちばん強く触発されるといえよう。そのうえにもう一つ深い、いわば霊の世界、形而上的なものがある。ベートーヴェンが、「音楽は音による最高の知恵、魂の形而上的啓示である」といったあの世界である。

かりに、こんなふうに、音楽の重層的なあり方を分類さしてもらうとすれば、演奏家ももちろん、その層のおのおのに接触しながら、曲の生命を再現するのが仕事になる。その仕事が、各層を通じて、持続的に行なわれ、有機的な成果を獲得できるのが、まず、理想的なものといえる。フルトヴェングラーはそういう指揮者であった。

そもそも、音楽にこういう力を放射する存在をききだしたのは、歴史的にいえばドイツ・ロマン派の芸術家であり、文献的にはＥ・Ｔ・Ａ・ホフマンが「ベートーヴェンの器楽作品について」という論文で『第五』を分析し、その精巧な構造と強力な魂の表現力について説いたとき、その時、こういう《耳の存在》がはじめて明確に意識され、告知されたといって差支えない。これは音楽をきく耳ではなく、音楽から《音楽》をきき出す耳である。しかし、これは驚くほど急速に多くの人びとの能力に訴えかけ、同化されてゆく。「ベートーヴェンによって、それまで Science であった音楽は Conscience となった」という時、あるフランス人が考えたものも、そのラテン的典型である。これを音楽における《近代の耳》と呼んでいいならば、フルトヴェングラーは二十世紀前半におけるその最大の典型であった。その音楽は、彼の残したレコードを通じても、まだ、私たちのところまで届いてくる。たとえば、シューベルトの『ハ長調の大交響曲』のレコード。これは、私たちがおよそレコードを通じてきくことのできる最も貴重な音楽の一つである。

フルトヴェングラーでは、音楽のすべての力が有機的、持続的に通じていた。そういう意味で、彼には分裂がなく、「力のない緊張の過剰」もなかった。つまり、彼は、前述の《近代の耳》の古典的な例である。あるいは、シューベルトと同じように、古典的ロマン派だったといっても同じことである。彼が、音楽のさまざまの力の均衡をとるのに失敗した時、たとえばバロックの音楽やモーツァルトのある種のもの、そういう時は、主として音楽のほうが彼のその耳をうけつけない存在であったか、ないしは彼の深層的心的な力がほかのものを爆発的におしのけてしまった場合だったといえよう。彼は楽譜から楽譜に書かれてないものまでひきだそうとする。

私は、かつてパリで、彼がヘンデルのコンチェルト・グロッソとモーツァルトの『ト長調小夜曲』（K五二五）を指揮するのをきいたことがあるが、それは巨大な失敗だった。そこには、ベートーヴェン以前の《音楽のおのずからな荘厳さ》と《音楽の無垢》が失われていた。だが同じモーツァルトでも、ザルツブルクできいた彼の『ドン・ジョヴァンニ』は素晴らしかった。私は、フルトヴェングラーについては、彼のブルックナーを実演できき損ったことが心残りでしかたがない。

私は、いつぞや、ある人から「演奏を終えたあとのフルトヴェングラーほど、無気味な人間は考えられなかった」という話をきいた。彼はもう完全に自分を使いはたした脱け殻でしかなく、あとは単なる動物的な存在だけが残っていたが、それがともかく人間の形をしているだけに、その姿は見る人になんともいえない苦痛から出た同情を起こさせるのだが、相手にはそれをうけつける余地が全く残されていない。「それはもうまるで病気の状態に戻ったムイシュキン公爵（ドストエフスキーの『白痴』の主人公）そのままでした」とその人は話してくれた。

トスカニーニとともに《現代の耳》が始まった、といえよう。この《現代の耳》には、ロマン派が最も深い真実の啓示とみたものに対する不信がある。さっきの私のプリミティヴな図式でいえば、トスカニーニは、第一と第三の層に、《音楽》の実体をおいた。そうして第二の層では、知的な働きは鋭くても、いわゆる人間的な暖かみ、自然の流れはどちらかといえば見失われている。それ以外のものは「あいまいで主観的なもの」として、彼は厳しくはねのけた。このことは、もう日本でもよく知られている。ことに日本では、長い間N響の指揮者をしていたヨーゼフ・ローゼンシュトックを通じて、トスカニーニの《意味》は十二分に伝えられている。「トスカニーニを除けば、あとの指揮者は、みんな、自分勝手のでたらめをやっているにすぎない」と、ローゼンシュトックはよくいっていた。

トスカニーニは《非人間的な厳しさ》をもったイン・テンポの音楽を通じて、いつも強烈な情緒を発散させていたが、その彼でも、時には、もっと高いところまで登ることがあった。彼がヴェルディその他のオペラを指揮する時、それから、ドビュッシーの『海』のような天才的な直観にうらづけられた、分析しがたい光と色と流れで編まれた音楽を手がけた時。トスカニーニは、いわば、自分を裏切った時、最大の指揮者の域に達した不世出の反天才だった。

そうして、彼のスタンダードな演奏でいえば、人間的な自然のあまり濃厚でない曲、『スケーター・ワルツ』のようなものはまさに完璧だったが、逆に、ブラームスはきくも無慚な誇張と矛盾だらけのものになる。これは、官能と知性、人間的な暖かさの厚みと感動の深さが、トスカニーニの天分とまさに裏目に組み合わされた音楽だから。

カラヤンは、フルトヴェングラーよりもトスカニーニに近い型である。この二人は、ともに、古典の交響的音楽に対して、自然な形で、全面的に接触できない。彼らの中では、音楽の各層は持続的連続的につながっていない。そのある部分は著しく発達しているし、ある部分に対しては、トスカニーニでは不信が、カラヤンの場合にはいわば体質的嫌悪とでもいったものが、あるらしい。

しかし、この二人は、もちろん、同じではない。トスカニーニは概してベートーヴェンには不向きだし、カラヤンのベートーヴェンは、いろいろな問題をふくんでいる。

カラヤンで、いちばんさきに耳につく特徴は、《音の響きの洗練》である。これは全く驚異的な高さに達している。

私は、一九六二年ベルリンで、彼がベルリン・フィルを指揮して、ベートーヴェンの『第六』をやるのをきいたが、それは全く、今日ＥＥＣの繁栄を誇る西ヨーロッパの《景観》の音画みたいに整然と磨かれきった『田園』だった。私はなにもプログラム音楽的な意味で、それをいっているのではない。いや、カラヤンの指揮がすでに、そういうものに反発している。なにも作曲家の気紛れにつけた標題にとらわれる必要はない。音楽は音楽である、と。冒頭四小節の主題からして、それは全く磨かれきった響きの喜びである。それは、今度のレコードでも見事に記録再現されている。カラヤンはむやみと主要旋律をくっきり隈どるというより、管弦楽の各声部の流れをどれも明らかに歌わせながら、しかも全体のバランスの中で、おのずからその中の明暗を作りだすという行き方をとるのだが、ここでもそれは見事というほかない。それは、いわばアウトバーンを快速で走る自動車の中に坐ったまま、ドイツの森の杉や檜や樅といった木立ちと、その傍らの名もないような野草や灌木まで見逃がさない、すぐれたカメラのような目を感じさす。そこには中声部も、低音の動きも、実に微妙にとらえられている。しかも、その各個の映像の明らかなこと。それは、ごつごつした輪郭を少しももってないにもかかわらず、一つ一つがはっきりわかる。たとえば、このレコードを、ジョージ・セルのクリーヴランド交響楽団を指揮した『第六』と比べてみれば、セルのようにいちいちアクセントを刻みながら前進するやり方は、いかにアインザッツが正確にとれていようとも、どこか泥臭く、日本の国道をゆくオート三輪みたいに感じられてくる。これはオーケストラの問題ではない。それに彼のテンポの速さといえば、この曲は出だしから速いうえに、彼は標題楽的な挿話をまるで無視しているので、第二楽章の〈鳥たちの鳴き声〉とか雷と嵐のあとで、再び牧歌的な自然の清澄に戻る時の推移など、まるで簡単に通りすぎてしまう。それはすごくあっけない。そうして、この曲ではクライマックスはひたすら嵐の場のフォルティッシモの爆発にある。すべてはこの嵐と雷鳴を中心に設定される。

要するに、感覚の冴え。この点では、カラヤンは単に今日の指揮者中抜群というだけでなく、おそらく、ある絶対性に達しているといってもいいだろう。だが、それを逆にいうと、フルトヴェングラーはもちろん――フルトヴェングラーでは音がきちんと合わないことは珍しくなかったが――トスカニーニについてさえ合奏の完璧ということはいわれても、音の極度の洗練ということを、誰もいわなかったのは、なぜかという問いが生まれる。いうまでもない。フルトヴェングラーでは全体的有機的なものが、また、感覚を越えたもっと深いものがいつまでも残るし、トスカニーニでは、一面ではリズム的モトーリク的なものが強烈なアフェクトを与えたのに対して、カラヤンでは、この音の驚異的洗練度についでくるものは、いつも必ずしも同じではないからである。

日本にカラヤンが来た時、批評家の多くが、「カラヤンの手はみえすいていて、計算ずくだ」といって非難した。それを、私は思いだすのだが、カラヤンはむしろ計算しすぎるよりも、私の図式の第三層、精神的アフェクト的なものを回避したがるから、第二の次元がより前景にみえてくるのではないだろうか。このくらいの計算は、ベームでもヴァルターでもやっている。そうしてあとでふれるが、カラヤンにはむしろ音楽に憑かれて、即興の喜びに身を委ね、計算をすてる傾向さえあるのである。私たち、残念ながら、平常本当に第一級の演奏ばかりきいているわけにゆかない環境にあるものは、自分にわかり計れる限りの尺度で、つまり耳できくより仕方がないので、つい一流のものにふれても、その本来でのバランスで計ることに失敗してしまう。群盲が象を論じる類《たぐい》である。

私は、「カラヤンが回避する」といった。この傾向は、『第六』でも十分に感じられる。比較的速めの第二楽章からあとも、彼は、耽溺もしなければ、さりとて離れもしない。いわば彼は音の自然に従いながら、あたりを鋭く観察し、精妙なレンズをもったカメラに納める。結果は素晴らしい風景写真となる。

ところで、この演奏会について、私は偶然ラジオでベルリンの批評家エールマンが「気のきいたホテルのヴェランダで、アルプスの最観を眺めてるような演奏だった」と批評をしているのをきいたが、当たらずといえども遠からずというところだろう。当たらないというのは、この曲の終楽章の、それも終わりに近づくにつれて、カラヤンは、それまでより、より高い領域に移るからである。それは、ここでは、まだその全貌を現わしていない。しかし、感じるものは感じるであろう。これは、真昼に完全に目覚めたもののみた夢である。――などと私が偉そうに書くのは、カラヤンが前にベルリン・フィルやヴィーン・フィルと同行してきた時、やはり、私はそれを感じたのと、バッハの『ロ短調ミサ』をレコードでくり返しきいてみて、彼のクライマックスの作り方を研究してみたからである。そのうえ、ベートーヴェンの交響曲をつぎつぎにきくというような、absurde な作業をやってみていれば嫌でもわからないわけにいかない。

では何がくるのか。私は、それをカラヤン・ストレッタと呼びたい。

ベートーヴェンの九つの交響曲のもつ重要な意味は、みな知っている。その中で、いま、指摘したいのは、『第一交響曲』の終楽章からその萌芽がみられるが、ベートーヴェンがソナタ形式の最後のコーダを非常に拡大して、第二の展開部と呼んでもよいほどのものにした点である。

カラヤンのベートーヴェンの特徴の一つは、そこの音楽にある。だから、これは第一、第二ではよくうかがえない。

しかし、『第三番』。正直いって、私は、この交響曲をあまり期待しないできき出した。ところが、素晴らしい。もし、この演奏を実演できけたとしたら、それは一生涯私の胸に残ったろう。そのことは、私には第一楽章のあの長いコーダ全体が、まるでなにか測り知れない大きな出来事の遠い谺《こだま》のような響きで前進しだした時から、はっきりわかってきた。ここでは、カラヤンは、最高の洗練度に達した音響とフレージングで語る音楽家であるのをつきぬけて、まさにベートーヴェン自身も啓示をうけたその世界の声をきく人になる。特にカラヤンは、主旋律部だけでなく副声部の明確さも厳格に尊重して、旋律と対位線との透明な交織を実現しながら、ある巨大なヴィジョンを投影さす。この点では、フルトヴェングラーのあの歴史的な名盤にも優《まさ》るくらい立体的な感動を与える。第二楽章でも、私は、なにか時の流れ、生命がすぎさることそれ自体のペーソスとでもいうべきものを感ぜずにいられない。と同時に、これはドイツ古典音楽のある決定的なページが閉ざされ、新しいページの中に歩み入る姿そのものでもあるのだ。敗戦後の惨憺たる崩壊のドイツの中で、弦楽合奏のための『変容《メタモルフォーゼン》』をかいたR・シュトラウスは、この葬送行進曲の頭を引用して曲を結んでいるが、その時、彼は、自分の手から生まれたこの最後の作品の中で、ドイツ古典派につづくロマン派音楽の最後のページを封印しようと決心したにちがいない。カラヤンの演奏は、もちろん、そういう歴史の重圧を直接には表出しようとしたものではない。しかし、この演奏をきくと、私は、直接エモーションの露出をさけながら、巨大なものの崩壊を告げる彼の背中にかかった重圧を感じないわけにはゆかないし、彼のさしだしたヴィジョンのリアリティをそのまま信じないわけにゆかない。第三楽章でも、カラヤンは、いわゆるベートーヴェン的な爆発を回避しながら、軽快に走りぬけ、しかもおよぶところの遠い、風のような何物かのエコーをきかせる。これだけの音楽のうえにさらに、もっと高くかけめぐる終楽章がありうるというのは、本当にベートーヴェンだけが実現した奇蹟であるが、カラヤンはそれにも耐える。耐えるどころか、この演奏をきいて、実は私は、この終楽章の存在理由を納得したというべきだろう。この曲を演奏するカラヤンは、偉大なヴォワイヤン（見者）と呼ばれるにふさわしい高みに達している。

さすがのカラヤンも、この『エロイカ』に充溢する高みには、いつも達するわけにはゆかない。『第四』は、彼にとって、自家薬籠中のものとなった交響曲でありすぎるし、『第七』『第九』は、抒情的な側面では素晴らしいが、決定的な個所では、むしろ失敗しているといっても良い。『第四』では、『エロイカ』でみせたあのコーダでの高揚さえ失われてしまう。カラヤンは、この曲ではあまりにも彼のペースであるために、酔わないのだ。つまり少しも悪いところがなくて、しかも全体としてものたりない。それはまるで、この作品そのものが、とかく軽くみられるのを正当化するみたいである。『第九』では、特に終楽章が不十分で、合唱は平板だし、独唱者、特にテナーは、まるでカラヤンの音楽の音色ではないではないか。その中では第三楽章の多層的な多声部の扱いが例によって洗練の極に達しているけれども。それにひきかえ、第一楽章では、あのトスカニーニでさえ第二主題の入りをひどく巧妙に、まるで天来の妙想のように提出していたのに、カラヤンはそしらぬ顔でそれを避け、むしろ、そのあとのgとges交代とか対位法的な戯れのほうを楽しんでいる。

それに比べれば、『第八』はすぐれた出来である。ここでもカラヤンは、第一楽章の第二主題には比較的軽い扱いしかしていない。例によって、コーダに入って念を入れだす。それは、もちろん、終楽章のそれにいたって、最高潮に達するのだが、しかし、第三に比べても、カラヤンは、ここでは情動的なものを回避せず、むしろそれにかなり接近している。そうなると、第一の感覚の次元の洗練、第二の自然な流れと知性の結合、そうして感情の激動と深みまで、ずっと連続的にとらえられ、見事な『第八』が生まれてくる。第三楽章など、ベートーヴェン流の粗暴に近いようなユーモアまで、直接膚に伝わる個所さえある。

だが、『第七交響曲』は、不平均な出来である。これもきいた話だが、カラヤンはこの交響曲の開始の和音について、一体どんな意味があるのか考えていた。その結果、「そこにはなんの意味もなく、ただイ長調の主音の三和音が鳴り、調性が明らかにされるだけだとわかった」といったそうである。これは、いわば私の第二次の層での理解の仕方だ。もし、それで全体を推すとしたら、これは、意味を拒絶して、音を鳴らす態度といえよう。学者のいう《自然民族の音楽》ならそれで良いだろうが、ベートーヴェンは文化民族中でも屈指の大芸術家だったたし、ことに彼の交響曲は深層的な作品である。

カラヤンは、しかし、こうしてつづけてベートーヴェンできいてみると、しばしば、予測のつかない演奏をすることがわかる。あの正確で洗練されきった『第六』にしろ、絶対の高みを示す『第三』にしろ、ふぞろいな『第七』にしろ、醒めすぎていて平板な『第四』にしろ、私は一度きいてしまえば、それになれることはできるが、きくまでの予想は裏をかかれることが多かった。それを、ひとえに私の不明のせいにしないで、カラヤンの音楽――ことにこの場合のような第一流の傑作に対する関係の複雑で多層的な接触のためだとするのは、まちがいだろうか。だから、カラヤンはまた、かりに五年なり十年なりして、同じ曲を演奏した場合、相当にちがってくるのではないか。いや、私の不確かな記憶でさえ、彼が前にロンドンのフィルハーモニア・オーケストラと組んで入れた時は、もっと感情的なものを回避しなかったのではないかしら。

一口にいって、偶数番号がいいという簡単なものでもなければ、後期が悪く、中期が良いというのでもない。ただ、今度のレコードでいう限り、『三番』が最もすぐれ、『六番』が最も異彩を放つ。ともに、全く非凡なものである。

トスカニーニでは、私の覚えている限り、『第二番』が理想的であった。こういうことは、指揮者の資質の問題であると同時に、その理想追求の姿の反映でもある。その点でフルトヴェングラーやトスカニーニは不動のものをもっているが、カラヤンは捕捉しにくい。『第三』にみられるように、エモーションの領域に深入りするのを避けながら、感覚と自然と知性の次元から形而上的な次元に突入しているのは、全く新しいタイプといってよかろう。

私は、ここでも、パウル・クレーのことを思う。クレーも、あの敏感で清潔な線の運動から出発して、エモーショナルなものを回避しながら、形而上的な詩と啓示の世界に到達する芸術家であった。クレーはけっして感覚だけの次元、技術の世界にふみとどまることのなかった人である。

だが、こういう連想を重視するには当たらない。カラヤンは、結局、なんのタイプを代表するという存在ではないのだから。だからこそ、九曲の交響曲をきいても（もっとも私ははじめにかいたように『第五』のレコードにも『第一』にもまだ針をおろしていない）、カラヤンがベートーヴェンに適しているかどうかは断言できないし、ましてこれが「現代のベートーヴェン演奏の一つの極致だ」ということは許されない。私は、全体として、懐疑的であり、むしろ否定的である。デビュー以来、カラヤンで最も安定した古典の交響曲の演奏がきけるのは、おそらくブルックナーであって、ベートーヴェンではないだろう。そうして、きいて最も楽しめるのは、R・シュトラウスの類《たぐい》であろう。カラヤンとベートーヴェンの関係は、あまりにも複雑だし、前述のように予断を許さないものがありすぎる。

こう考えてきて、私は、いま、演奏の大家や名家を追求することの空しさと楽しさの極限につき当たったような思いがしているところである。

ベームとカラヤンのベートーヴェン《ミサ・ソレムニス》

I

《ミサ・ソレムニス》は、ベートーヴェンのすべての作品の中でも、私には、きき通すのがいちばんむずかしいものに属する。細部において、まだよくわからないものがあり、全体の構築のパースペクティヴにおいて、私にまだつかみきれないものがある。きくたびに打たれるところと、いつきいてみても、靴をへだててかゆいところにふれるような、もどかしく、ピンと来ないところがある。

その作品論をやるのは、この文章の目的ではないけれど、とにかく、この作品をきくとなると、どうしても、まず身構えしてからでないとやれない。

II

ベームのレコードは、《Kyrie》をきいて驚き、《Gloria》をきき進むうちに、心配になった。私たちは、一九七五年の春、この老指揮者を東京にむかえて、モーツァルト、ベートーヴェン、シューベルト、ブラームス、J・シュトラウスに至るまで、元気に指揮する姿に接したばかりだったので、余計な心配はしないですむというものだが、それにしても、この《ミサ》におけるベームは、どうしたというのだろう？　いつつくられたレコードか知らないが、ベームはそのとき、具合が悪かったのだろうか？

少し乱暴にいってしまえば、ただ何となく音楽が鳴っており、進んでいるというだけのことで、何か、壁をへだてた向う側の出来事のようにしかきこえてこない。《Kyrie》でいえば、《Kyrie eleison》のアッサイ・ソステヌートの部分と、《Christe eleison》のアンダンテ・アッサイ・ベン・マルカートの部分と、ダイナミックの上でも、テンポの上でも、そうして歌わせ方の上でも、しっかりした対照となって、浮き上がってこない。両方とも、いわば灰色のひとつに塗りつぶされ、男とも女ともつかぬ中性的な表情になってしまっている。

《Gloria》も、大差はない。ベートーヴェンはニ長調と変ロ長調という、このころの彼がしきりと使っていた三度関係の調性を二つならべて、その間でコントラストをつくりながら、音楽を築き上げるという手法を、ここでも、用いている。最初の《Gloria》はアレグロ・ヴィヴァーチェのニ長調。これが間に《et in terva pax》の部分をはさみながら、再び戻ってきて、いわば《Gloria》の第一部分をつくる。それが一二六小節ほどあって、メノ・アレグロ、変ロ長調に変わり、《Gratias agimus tibi》の静かな部分に移る。これを《Gloria》の第二部分とみてよいのだろう。そのあと、今度はラルゲットの《Qui tollis peccata mundi》が来るが、これはつぎつぎと細かく転調し、表情をかえながら、アレグロ・マエストーソの《Quoniam tu solus sanctus》に至るまでの間、細部においては表現的ではあるけれど、全体としてみれば、経過的中間的な部分を形成する。

いや、私は、この作品の分析に立ち入るのはやめよう。この調子でやってゆくと、わが意に反して、作品論になってしまいそうだ。私には、前述のように、まだつかみかね、わかりかねるものが少なくないので、それだけ、この作品をしっかり知りたいという気持に、ひきずられ、この並外れた作品の異常な性格の魅惑の中に——としか、今はいえない——ひきずりこまれ、溺れてしまう可能性が、強すぎるのである。

だが、演奏というもの、帰するところ、それが扱っている作品の生命を私たちに伝え、その表面ではなくて深いところに秘められている力を私たちに知らせるのでなくて、何だろう？　そうして、その作品の魅力と生命の鼓動が感じられるためには、私たちは、音楽の緩急、表情の深まりや高まり、あるいは解放への歩み等々といったものに即して、演奏をきかせてもらう必要があるのだ。

ところが、ベームのは、局部的にはとてもきれいなもの、感心するものがあることは事実だが、耳に入っているところの個々の瞬間が、音楽の歩みの全体の中でもっている意味、あるいは位置というものを伝える上で、今ひとつ、どうもはっきりしないのである。部分部分の性格が、十分に掘りさげられ、浮き上がってこないといってもよい。

ベームともあろう人が！

アレグロ・ヴィヴァーチェと、それにつづくメノ・アレグロ、それから前のアレグロ・ヴィヴァーチェの回帰で、最初の部分。ついで経過的なものをへて、ラルゲット、アレグロ・マエストーソがあってから、この最後の部分に入り、《in Gloria Dei》の長大なフーガと、さらにそれにつづくアラ・ブレーヴェのアレグロの《Amen》によるフーガもあったのち、最後は、プレストにまで高まって、最初の《Gloria in excelsis》が戻ってきて、この巨大な《Gloria》の楽章は結ばれる。

全体はこうみて良いのだろうが、ベームのは、いつも、その瞬間瞬間における音楽はあっても、きいていて、全体の展望がつかめない。どの部分の特性づけも、もうひとつ、截然と行われていない憾みがあるからである。

私は、とてもがっかりした。それと同時に、もう十年以上も昔の話になるが、かつて彼のレコードで、モーツァルトの《レクイエム》を買ってきて、どんな名演がきけるかと楽しみにしたら、はっきりしない演奏しかきけず、拍子抜けしたことを思い出した。といってもベームは、その後、同じ曲について、はるかに良いレコードを出したのだから、「彼には、こういう種類のモニュメンタルな大作は苦手なのだ」と、軽口にいうことは慎しまれなければならないだろう。

だが、とにかく二度目の経験なので、この演奏をきいて、私には、一抹の疑念が残るのである。また、この名指揮者の高齢を考えあわせると、一抹の不安が残るのである。どうか、このつぎは、ベームの健在を証拠立てるような演奏がきけますように。

……

こう考えた私は、このあと《Credo》以下をきく前に、長い間躊躇した。

躊躇したあと、それでも、きいてみた。大勢においては、あとの部分もそれまでと変わらない。それでも、抒情的な部分、思想的な部分は、ダイナミックな部分にくらべれば、特筆すべき出来はないにしても、きいていて心配にはならない。《Credo》の中でのキリストの秘蹟を歌った部分、《et in carnatus est》だとか《et homo factus est》だとかの楽段は、この不思議な作品の中でも、ひとつの核心であるが、そういう部分は、さすがに音楽の良さを殺すような不様なことにはなっていない。また有名なヴァイオリン・ソロを伴った《Benedictus》も、少しも誇張せず、むしろ淡々としていながらも、心にしみじみとふれてくる音楽をきかせてくれる。

しかし、《Credo》を、――もう細かいことはいわず――変ロ長調を主調とし、そこから出発して、ドリア調、ハ長調、ヘ長調、そうして最後に再び変ロ長調に戻ると、ベートーヴェンには申しわけないが、ごく駆け足に分節して記述するとすれば、こういった各部分の間の関係を音楽の流れでもって構築してゆく上では、やっぱり、十分とはいえない。

どうして、こういう演奏になったのだろう？

きき終わって、私は考えてみようとしたが、そう思うと汗がやたらと出てきて、つい、やめてしまった。

きき終わってみて、アルトのソロの声がひときわ耳に残っていたので、誰が歌っていたのかとレコードの箱を見直したら、クリスタ・ルートヴィヒだった。声も良いし、貫禄というか、実に見事な歌いぶりである。

III

ベームのあとで、カラヤンをきいた。レコードに針をおろした途端、音が違う。ひきしまった、ダイナミックな音である。

《Kyrie》では、ベームと逆に、最初のアッサイ・ソステヌートのあと、《Christe eleison》がロ短調で開始されるとき、すでに同じアンダンテではあってもアッサイ・ベン・マルカートにも充分力点がおかれていて、歯切れよく、そうしてテンポもベームにくらべ速目なので、前の部分との対照は、実に鮮かに感じることができる。

これは、いわば第九交響曲での緩徐楽章の、アダージョ・モルトの第一主題に対する、第二主題アンダンテ・モデラートを思い出させるようなテンポのとり方である。

このあと、また《Kyrie》がテンポ・プリモで戻ってくるのは、いうまでもない。ただ、カラヤンのをきいているうち、この部分が、ニ長調といっても、ト長調、つまり下属調への傾斜を強く感じさすよう書かれているのに気がついた。演奏がそういう具合になっていると主張するにしては、私は、まだどこがどうなっているのか、よくききとれていないので、あえて、踏みきる気はしないが。それとも、ベーム盤についで、二度目にきいているので、前より少し慣れ、細かいところまで、耳につくようになっているのだろうか？《Gloria》も、こちらのほうが、私には断然おもしろい。形が実によくわかる。わかるだけでなく、さっき不充分ながら、ごたごたと書きかけた、この楽章の構成が見透しよく、耳に入ってくる。それに出だしの《Gloria》のアレグロ・ヴィヴァーチェも、いわば思いきりよく、岩にぶつかる急流のように、見事な躍動力をもって、はじまる。文字通り、交響的な開始である。

一体に、この曲をきいていると、ちょうど第九交響曲が器楽曲でありながら声楽の部分に非常に大きな比重がかかるよう構成されているのに反し、この《ミサ・ソレムニス》は大声楽曲でありながら音楽自体はシンフォニックな構想によって、全体の構成を慎重、重厚に練りあげたあげくに声楽の部分まで、まるで器楽でも扱うようなタッチでもって書き進められるということが、痛感されてくるのだが、こういうこともカラヤンの指揮のほうが、文句なく、はっきりとわからせてくれる。カラヤンの音の扱いはむしろ細部において声楽的であり、独唱や合唱はいうに及ばず、管弦楽もどちらかといえば声楽のように、壮麗なレガート奏法を最も根本にした扱いで、ひかせているにもかかわらず――いやそうであればあるほど、器楽的な躍動力というか、弾力性というかに富んだ音となって響いてくる上に全体の骨組の構成が鮮かにきこえるのは、私には、この演奏を通じて、最もおもしろい逆説と思えた。《Gloria》の全体が、いかに分節され、その各部分が、それぞれどうして音楽的に性格づけられているか、それが、こんなに見事にわかる演奏は、めったにないのではないか？

同じことが、しかし音楽の上ではずいぶん違う性格として、つぎの《Credo》についてもあてはまる。これもまた、変ロ長調の一大交響音楽である。そうしてアレグロ・マ・ノン・トロッポの出発のあと、あのドリア調の神秘的な《et incarnatus est》

のプサルモディーレンがアダージョではじまるとき、その音は、ベートーヴェンの望む通りの極度に低い呟きとして出てくる（作曲者は *p. dim. pp* —— *messa voce* —— *Sempre pp* と書き、また弦楽器は、第一ヴァイオリンや第二ヴァイオリンには Nur einige Violinen〔数本のヴァイオリンだけで〕またチェロには二本だけと但し書きをつけておいて、そうして、あとはクラリネットとファゴット二本ずつ、それから例の高いところで鳥の囀《さえ》ずるようなフリュートのソロだけという、極度に切りつめた編成にしておいたのである）。それまで音をしぼり気味にしてきいていた私は、ここではほとんどきこえなくなったので、あわてた。実演でも、カラヤンはきっときこえるかきこえないかに音をしぼって演奏さすことだろうが、それが、こんなに「正しい音楽」としてきこえてくるのは、ベートーヴェンの構想に最も忠実にやった結果である。このあとのアンダンテ（《et homo factus est》）それからアダージョ・エスプレッシーヴォ（《Crucifixus etiam pronobis》）を経て、アレグロ（《et resurrexit》）に至る音楽の歩みのおもしろさと表現の真実。そうして最後にアレグロ・モルトのアラ・ブレーヴェで（《et ascendit caelum》）で爆発する時の壮大な効果。こういうところは、いかにも、演劇的であり、ショー的な効果となっているのは事実だが、しかしこれもベートーヴェンが望んだものと違うと、誰が主張できるだろうか？

カトリック的といっても、イタリアのそれ、スペインのそれ、フランスのそれ、そうして南ドイツやオーストリアのそれと、いろいろであって、一口にはいいがたいのが真実だが、イタリアなどのバロックの教会をみてもわかるように、教会の典礼には、ショー的な要素が多分にもられているのは、否定できない。まして、ベートーヴェンという人は、一方では北ドイツのあの心情の深さ、とか目に見えない抽象的で観念的なものの真実に強い共感を抱いている人であることは事実だが、もう一方では、豪快な精神の持主であり、芝居っ気も人並以上にあり、豪壮華麗なものへの趣味もたっぷり持ちあわせていたことは、私がことわるまでもないだろう。

そういう彼の性行は、この《ミサ・ソレムニス》にも、反映しているのである。こういう面は、カラヤンのまた好みでもある。だから、このアレグロ・モルトのあと、いったん、アレグロ・マ・ノン・トロッポで、もういちど、三位一体その他のカトリック教会の教義《ドグマ》を手早く、呟くようにしてすませてしまったあと、アレグレット・マ・ノン・トロッポによる《et vitam venturi saeculi》によるすごいフーガが開始され、それが最後に《Amen》の一語による、筆紙につくしがたい痛切な結びとなってゆくとき、これはもう、ベートーヴェンの手から生まれた最も特徴的な音楽、あるいはこれこそ不滅な頁となって、私たちの耳というより、心を打ってやまないのである。

作曲者のかきつけた《心から生まれ、心に帰ってくる》というモットーが、生きてくる、これは、そのひとつの典型的な箇所であるといってよいはずである。

このあともカラヤンの指揮に、本質的な変化はない。静謐にして甘美な《Benedictus》を終わって、《Agnus Dei》――カラヤンは、ドイツ系の指揮者でありながら、ここでアニュスとよませているようだ。ベームは、もちろん、アグヌスとドイツ読み。ここだけに限らず、カラヤンは全体としてラテン的、というよりローマ教会系読み方に従っているのだろう――では、出発点にバス独唱の実に快いベルカントがきかされるが、この歌いぶりもまた、その中にカラヤンのこのミサ全体に対する解釈の代表的な表われをみて、間違いではないだろうと思う。

全体として、このレコードは、華麗壮大な演奏といってよいだろうが、私を喜ばせるのは、そういう点よりも、むしろ、曲の全体の形が造形的に、はっきり刻みつけられ、浮き上がってくるところである。壮大さや華麗さがその全体の構造の中で、一つの位置を占めているのは事実だが。

ただ、深刻さはないといってもよいだろう。あるいは苦悩の暗さも、そのかわり、不安はある。終楽章の例の近づいてくる軍楽の音に、浮き足だっておびえおののく人人の心、その恐れも。

それにしても、ベートーヴェンは不思議な音楽を書いたものである。私には、実は、まだ、いろいろな点が謎なのである。(グラモフォン　MG八〇五三～四/エンジェル　EAC七七〇六〇～一)

オペラ指揮者としてのカラヤン　《指環》をめぐって

I

オペラのあまり盛んでない国ならともかく、ドイツ・オーストリア系の指揮者の場合、演奏会でだけ指揮棒をとる音楽家などというのはむしろ例外なのだから、指揮者を論ずるのに、その人のオペラでの音楽の仕方を演奏会でのそれと別に考えてみるというのは、あまり意味がないとみるのが、まず、常道である。

カラヤンも例外ではない。周知のように、カラヤンは、ごく若い時に、ウルムだったかの歌劇場で活動することから、経歴を開始した。リーマン音楽辞典で調べてみてもわかるが、カラヤンは一九〇八年の生まれ。はじめはピアニスト志望だったのが、一九二七年ウルムの歌劇場で《フィガロの結婚》の指揮に抜擢され（当時十九歳）、その成功で一躍ウルム市の指揮者（Städtischer Kapellmeister）に採用され、そのあとオペラ指揮者として七年間活躍。一九三四年にアーヘンのオペラの指揮者になった。この間ベルリンの国立オペラで《フィデリオ》を指揮して華ばなしい成功を収めたというような挿話もあったが、ともかく一九四一年まではアーヘンの歌劇場指揮者の職に留っていたのである。

そのあとのことは、くだくだしく辞典を書きうつしてみるまでもない。大事な点は、以上のように、十九歳で突然《フィガロ》の指揮をまかせられるということがあってから、一九四一年、つまり三十三歳になるまでは、ウルムだとかアーヘンだとか、ドイツの小都市の歌劇場にいて、オペラでみっちり腕をみがく時機をもっていたという事実である。カラヤン自身が、あるインタヴューでいっているように『もっとも感受性の鋭い青年音楽家としての十四年の歳月を、地方小都市でゆっくり勉強し、しっかり腕をみがく期間を持てたことがその後仕事をしてゆく上にどんなに役に立ったかわからない』のである。ひとは、とかく、カラヤンというと、早熟の才人で、ヴィーン、ベルリン、それからミラノ、ロンドン、パリとヨーロッパの大都市の檜舞台で華やかに活躍し、いつもセンセーショナルな話題をまきちらす人物というイメージを思いうかべてしまうわけだが、――また、そういう面も、彼にあるのは、何も私が裏書きする必要もないことだが――、しかしその前に十九歳で認められてから、二十歳台の全部と、そのあとの三年間、じっくり地方で実力を蓄えていたという事実を忘れてはいけないだろう。さっきのインタヴューの中でも、カラヤンは、そういう時機を持つことが、最近はだんだんむつかしくなってきたのを、若い世代の指揮者たちのために大変残念がっている。マーラーにせよ、フルトヴェングラーにせよ、ワルターにせよ、クレンペラーにせよ、ベームにせよ、そういう時代があったのに。

とにかく、カラヤンは、ドイツ系の指揮者の御多分に洩れず、地方都市のオペラ劇場にいて、指揮者としての土台を作って、成長してきたのである。（その中で、彼はオペラを作曲したこともあるそうで、何かの話の時、だれかが、一九六七年以来彼がザルツブルクで、復活祭の時を選んで行なうようになった音楽祭で、一つそれを上演してみたらどうかと提案して、カラヤンを苦笑させるのを、私はたまたまその場で見たことがある。そのオペラは、私の記憶が正しければ、ワーグナーの亜流みたいなものだったらしい。）

II

カラヤンの指揮するオペラは、私は、何回かしかきいていない。何年か前に、ヴィーン国立オペラの総監督の職を辞任して以来、たとえどこかのオペラの指揮をとることはあっても、常任とか監督とかいう地位についているところはないはずであるから、オペラを指揮する彼をきこうと思えば、まずザルツブルクの音楽祭にゆくのがもっとも可能性があることになる。

私のきいたのも、さっきいった復活祭の音楽祭で一九六八年、ワーグナーの《ラインの黄金》と《ヴァルキューレ》をきき、それから同じ年の夏の音楽祭で《ドン・ジョヴァンニ》をきいたのと、この三回だけである。あとは、ヴィーンにいった時、国立オペラで、かつてカラヤンが在任中に演出した《フィデリオ》を、その演出を残してやっているのにぶつかった。その時の指揮者がだれだったか、もう覚えていないし、あんまり演奏が退屈だったので、終りまできかず途中で帰ってきてしまった。カラヤンは、ヴィーンで総監督をしていた当時、《フィデリオ》のほかにもいくつも演出をしたわけで（《ペレアスとメリザンド》だとか《トロヴァトーレ》だとかそのほか）そのうちのあるものは、カラヤンがいなくなった現在でも、用いられている。カラヤンは不愉快がっているそうだが、ある演出をいつまで使用するかは劇場側との契約がある限り、それをやった当人だけの考えでさしとめることはできないのだろう。

私が、こんなことをくだくだ書くのも、オペラ指揮者としてのカラヤンということになれば、演出についてもふれなければならないからだ。正確には何年前からか知らないが、少なくともこのところずっと、カラヤンは自分の手がけるオペラは、演出も自分でするのが通例になっているようである。つまり、カラヤンの場合、演出者と指揮者は組になっている。それは、私がザルツブルクできいたモーツァルトやワーグナーの場合も、同様であった。

彼が、こうして演出も自分の手でやるようになったについては、いろいろの事情があるに相違ないのだが、それをここで想像で書いてみても仕方があるまい。私が見、そしてきいた限りでわかったことを書くとすれば、まず、恐らくは彼は、演出の専門家の作った舞台と長い間つきあわされてきた結果、根本的なところで不満がつもりつもってきたのであろう。その不満の主な点は、彼があくまでもオペラの《音楽》上の生起の自由な流れを、ほかのもの——ここでは現実上の出来事——に煩わされずに、追求する場所にしたいという意欲と、演出家のそれとがしばしば喰いちがったからだろう。というのも、私は、彼の演出した舞台から、逆に推測して考えるからで、彼の《舞台》は、公衆の注意をなるべく、舞台上の動きではなくて、音楽に集中さすようにできている。といっても、いわゆる《抽象的》な舞台ではない。装置にせよ人物たちの動きにせよ、自然主義とはちがうが、しかし、レアリスティックな具象性は忠実に尊重されている。ただ、そういう動きも装置も、それ自体としての独立した意味は、あまり重視されてないように見受けられる。

だが、また、そこには全く象徴性が欠けているというのでもない。カラヤンの演出は、ヴィーラント・ワーグナーの創始したバイロイト様式をぬいては考えられない。

いってみれば、その変種の一つである。これは、私が《ニーベルングの指環》の前二部をみたからというだけの偶然のことではないと、信じる。《ドン・ジョヴァンニ》でも《フィデリオ》にも、様式上の根本理念が同じであることは、私にもわかるのである。

《フィデリオ》の舞台を例にとるとすれば、日本の公衆には例の東京の日生劇場でみられたゼルナーの演出が一応身近なはずだが、あの第一幕には囚人たちの合唱、つまり彼らが一度獄室から出されて、わずかの間太陽の光を浴びるのを許される情景があるが、あすこでゼルナーは、舞台の真うしろのやや高いところに武装した兵士を左から右、右から左と動かして、暗くて厳しい政治権力の圧力の象徴にしていた。カラヤンも同じ趣向を用いている。ただ、彼の場合は、舞台のランプの近くを、兵士たちが横ぎってゆく。それによって、話は大変手っとり早くなる。しかし、もっと見えないところまで働いている権力の象徴としての機能は、平板化される。

そう、平板化。そこに、私は、カラヤン演出の一つの弱点というか、もっと端的に言ってしまうと、ディレッタント性を感じるのである。《指環》の場合も、《ラインの黄金》の舞台の根本は、ヴィーラント・ワーグナーのあの舞台中央の円盤の使用が中心となっている。ただ、ヴィーラントのは、奥に行くほど高くなり、前方に向かって低く傾斜した円盤であった。カラヤンのは、もちろん劇場が方形で奥の深いバイロイトの祝典劇場の舞台とちがい、横にむやみと広いザルツブルクの大ホールのせいもあるが、傾斜はバイロイトほどではない。それにまた、カラヤンのは、円型の皿型でありながら、いわば縁どりに独立性をもった機能が与えられていて、皿の中心部との間に溝があったり、また縁の一部が傾斜して縁の人物の動きに変化を与えられるようになっていたり、要するにこまかな点でいろいろとちがってはいる。しかし、根本のアイディアは、バイロイト様式に起源している。

私は、まず、それがおかしいと思った。あれはヴィーラント・ワーグナーの創造したタイプであり、その背景には、《指環》の全体をどう解釈するかについての一つの特定の思想があった。そういうものを、核心において踏襲しながら、こまごました点でヴィーラントとは別に、レアリスティックな趣向で変化を見せようとしたところで、本当に独創的なものが生まれるはずがない。同じことは《ヴァルキューレ》にも見られる。《黄金》、同じように、ここにも一つの目立つ変化が加えられている。それは、舞台全体に——たしか照明によってだと覚えているが——巨大な《とねりこ》の樹が円い環状の光輝となって、大きな背景となっている。カラヤンの《指環》のレコードのケースの表に大きく印刷されているあの樹の環がそれである。この《とねりこの巨大な木》は世界の象徴になっているわけだが、これはたしかにカラヤンの発明である。だが、何たる《発明》だろう！

こういう細部の変化は、ほかにも数えればいくらでもある。《黄金》の幕あきのラインの乙女たちの情景で、ラインの河底を泳ぎまわるのはバレリーナたちにまかせ、それもスキー場のリフトのような具合に、機械仕掛けで吊りあげたり、左右に動かしたりして、非常に早く場所をかえさせられるようにしておいて、歌い手たちは別に、舞台の奥や袖のところで歌わす方法だとか、何だとか。それはそれで、いろいろおもしろいことがあるけれども、私としては、根本的なアイディアの借用という点、それも本当にそういう舞台作りの創意に導いていった根本的な思想を別にして行なうという点に、あきたりないものを覚えたのである。彼の《ドン・ジョヴァンニ》にしても、同じようなものだ。今の調子なら、演出は気心の合った人にまかせて、指揮に専心した方が良いのではないか。

III

だが、問題はそれが彼の指揮と、どうからみあうか、にある。そうして、結論からいえば、私は彼の指揮は支持する。それも、偉大な業蹟として支持する側に立つ。ことに彼のワーグナーは、演奏の歴史に新しい一頁を画するものといわなければならないだろう。

それについて、全体的なことをいう前に、演出との関係から入ってゆけば、まず、あのワーグナーに頻出する長々しい述懐とか、ことのよってくる所以をくりかえし説明する箇所、カラヤンはこういうものを処理するのが非常に巧みで、そこに音楽的にもかなりの重点がおかれる。たとえば《ヴァルキューレ》第二幕のはじめは大変な意気込みで登場したヴォータンがジークムントに加勢するようブリュンヒルデに命令したあと、フリッカに、それでは『結婚の神聖をお前は認めないのか』とか『その上、近親相姦に加勢するようなことでは世界の秩序の保護者たる神としては自殺行為ではないか』とかさんざんやりこめられ、ついにフンディングとの決闘でジークムントを殺すと約束させられてしまう。そこから始まる第二場で、ヴォータンが不思議がってそばにやってきたブリュンヒルデに向かって、どうしてこういう始末になったかを、長々と説明する箇所がある。ペータース出版のピアノ・スコアで数えても、ほぼ一二三頁から一四一頁にわたる長丁場である。この箇所は、歌い手にとっても大変だろうが、きく方も、良い加減うんざりする。

話はこみ入っているし、第一、ヴォータンが苦しまぎれにどんな陰謀をめぐらしたかなどと、こんな話はどう歌われたところでわかるものではない。だが、カラヤンは、そういうところから見事に音楽を救い出す。長い長い独白が、音楽になる。こういうことは、ワーグナーにはよく出てくるのだし、従ってそれができなければワーグナー指揮者ではなかろう。とはいうものの、こういう箇所で、これだけの演奏をするのは、非凡な指揮者でなければ望めない。それをカラヤンは、はっきり、証拠立てている。

同じようなことは、そのあと同じ幕の第四場で、今度はブリュンヒルデとジークムントの対話についても、きくことができる。この間のブリュンヒルデの心境の変化と特にジークムントのそれ、恐れと望みと諦めのうつりゆく間の音楽は、ほかではきくことのできないものではないだろうか。少なくとも、私は、きいたことがない。ブリュンヒルデから自分の運命がすでに尽きているのを知らされたジークムントは、彼女に向かってつぎつぎと質問を発する。で、死ぬとどうなるのか？　ヴァルハラにゆくとどうなるのか？　そこでは私は、ジークリンデと再会できるのか？……音楽は沈痛にして痛切を極める。

ところで、この箇所は、さきのヴォータンの長大な述懐にくらべれば、よほど短い。だが、カラヤンの演出を目にしながら、音楽をきいていると、音楽は比類なく切々として胸に迫ってくるだけに、舞台の上では、全く何一つ起こらないという、その対比には、驚きを通りこして、不自然な気さえしてくる。もちろん、頭で理解する限り、こういう対話の間、何が起こるはずもない。それはいうまでもないことだ。だが、ワーグナーのいうように、もし楽劇が、音楽の生起が舞台の上で形象をとったものだというのだとすれば、これだけの肌理の細かい、そうしてきくものの胸に深く喰い入り、ゆさぶらずにおかない音楽が流れている時に、舞台の上に何も起こらないのは矛盾ではないか？　カラヤンの音楽が、ワーグナーの洗錬の極ともいうべき手段の節約と効果の深刻とをほとんど完全といってもよいほどに再現しているだけに、きき手は、硬直した舞台にとまどってしまうのである。一口でいえば、今日、少なくとも世界の第一線で仕事をしているほどの演出家の手になった舞台でみると、この場所は退屈どころか、もっとも充実した時間になるのに、カラヤン演出では、それがないのである。一体に《ヴァルキューレ》を通じて、私たちは、舞台があんまり生きてないという印象を持つ。空虚な瞬間が多いのである。この点、ヴィーラント演出のバイロイトの舞台はもちろん、ベルリンでのゼルナー演出でも、舞台ははるかに充実していた。しかも、ヴィーラントにせよ、ゼルナーにせよ、何もこういう時間に、登場人物をやたら動かすわけではないのである。どうせ、対話なのだから、動きといっても、そうあるわけではない。だが、結果は、ちがう。ここには、こういう事情が働いているのだ。つまりここでのカラヤンの演奏は、劇的というよりむしろ音楽の抒情性（歌唱性ではない）における極みといってもよいほどの高みに達している。そうして、これはまた一口でいって、彼の《ヴァルキューレ》を通じての根本ともなっている。ここでは音楽は、吼えたり叫喚したりする点で最少限度に留まり、多くは内面化され抒情化される。したがって、これは演出されにくいのである。この点からいえば、演出家カラヤンとは要するに自己矛盾にすぎない。

これに反して、《黄金》で、ヴォータンがローゲと共に、神がみの国から地底のニーダーハイムに出かけてゆくところ、それからその逆にアルベリヒを捕虜にして帰ってくるところ、つまり、第一場と第二場の間および第二場と第三場の間の、短い幕切れ、幕あけの音楽を、聴衆を中にはさんで会場にめぐらしたスピーカーをつかって、右から左に、左から右にと、大きく広く音を動かすといった工夫がこらされたりしていた。これは音楽的にいって、大した意味はないにせよ、いかにも音楽家の思いつきそうなことである。

IV

この場合の焦点は、結局、音楽にある。そうして、そこでは、カラヤンは素晴らしい。

カラヤンのワーグナー、少なくとも《指環》の特徴は、私にわかったことでいえば、——これはレコードをきいても、よくわかることだが——あの網目の細かなワーグナー的管弦楽の響きの透明さと洗錬さであって、これは未聞の水準に達している。これにはもちろん、普通の劇場用管弦楽団でなく、ベルリン・フィルハーモニーというような世界第一級の演奏会用交響楽団で、しかもカラヤンが常任として、終始あつかいなれている管弦楽団を使っているという事情もあるけれども、何といっても、指揮者の意図がはっきりそこにあればこそ、これだけの成果が上げられたのであろう。ことに《ヴァルキューレ》では、その透明と精緻は室内楽的密度に達しているといっても過言ではない。そういう例は、どこをきいてもわかるが、一例をあげておけば、終幕の大詰め近く、例のヴォータンの告別、眠りの音楽、炎の音楽とつづく、《指環》全曲を通じても、もっとも重要なさわりの一つに属する部分をあげておこう。ここでは、今あげた幾つかの示導動機が時どき重ねられて用いられるが、私たちはその積み重ねの大きなうねりと積み上げのまっただなかでも、その一つ一つをはっきり区別してききとることができる。これは、きいていて本当に気持が良い。

といっても、本当に大切なことは、実は、カラヤンが示導動機を鮮やかにきかせるという点にあるのではない。そうではなくて、カラヤンの指揮は、むしろ、音楽の謎とき遊びみたいに示導動機を特に重視して、ここに《剣》が隠れているぞ、ここには《問いかけ》の動機が尻尾を出している、といった具合にきかせるのとは逆の行き方をしている。そうではなくて、あの緻密に織り合わされた糸の一つ一つが透明に浮かび上がってくるように——だから、私は室内楽的透明度といったのである——演奏されているのである。示導動機がよくわかるのは、その結果にすぎない。それと同時に、そんなモットーとして書かれていない部分だって、同じくらいよく透けてきこえてくるのである。日本盤の《ジークフリート》のレコードの解説書に、ヴォルフガング・

シンミングという人が（この人はだれだろう？　文章はちょっと変だが、幾つか同じ考えをもつ論文にぶつかるのは本当にうれしいことである。）カラヤンの《ワーグナー様式》と題して「カラヤンの演奏では楽器を区別できるし、歌手の声はよく聴きとれる。……彼は音のかたまりの中に光を通すことのできる人であり、そのために彼のワーグナー解釈は全く新しく、完全なものとなる」と書いているが、このワーグナーのスコアの中に《光を通す》という表現は実に巧みに急所をいあてている。私がザルツブルクできいた時も、この点が、まず印象的だった。これは従来舞台と聴衆の間に立ちふさがる、重く厚い音の壁みたいだったワーグナーの管弦楽の演奏の仕方とは、まるで違う響きである。

しかし、カラヤンは、何のためにそうしたか？

私たちは、近年は、交響管弦楽の演奏会にいってまるでスコアを目の前に見せられているほど透明で正確な演奏をきくことも、そう珍しくなくなった。私が一番よく覚えているのでは、日本へミュンシュとボストン交響楽団がきて《エロイカ》をやった時である。あの時は、主旋律の声部はもちろん、内声から低音部まで、各声部の動きがそれこそ《手にとるように》はっきり見えたものである。だが、あの演奏は、それで終りというか、それ以上の何ものでもなかった。

だが、カラヤンはワーグナーで、音の織物に光を通すことにより、そこから、一つの全く新しい《魅惑》をひき出してくる。ワーグナーがそういう作曲をするようになった頂点は、《パルジファル》においてだろうと私は考えているが、《指環》にもすでにそういうことがみられる。要するに、ワーグナーの晩年の様式では、伴奏と主要声部という区別はどんどんとりはらわれ、音楽の全体が幾つもの糸で織られつつ、そのすべての糸が響きの全体を作る主要な糸ともなるというふうになってゆくのである。それともう一つは、そこから音楽の《形》が生まれる。《形》《形体》《形式》は、音楽がかかれる以前に、いわば先験的に存在するものではなくて、音楽とともに生まれてくる。——それではまるでドビュッシーの世界ではないか？　と、いわれるかも知れない。そう、私は、そうだと信じる。私はドビュッシーが、これを《パルジファル》から学んだ、とはいわない。だが、《パルジファル》には、そういう音楽がすでにある。そうして《指環》にも、部分的に、それは始まっていた。声部は作曲され、そのあとで各楽器に配分されるのではなくて、初めからその楽器固有の音色の輝きと重量感とを持って生まれてきている。そういうことが、カラヤンのワーグナーをきいていると、わかってくる。ここまでくると、これは《室内楽的透明度》という言葉では不充分になってしまう。これまでの《室内楽的》という概念は、いわば音色よりも、むしろ線的な動きに重点をおいた白墨の音楽という近いニュアンスがあったからである。カラヤンのここでやっているのは、それではないのである。

もし読者がワーグナーの《ジークフリート牧歌》、あれを好んできいておられるなら、あの曲を思い出して頂きたい。あれは室内楽的透明をもち、先験的でなく音の流れの必然から、自ずと生まれてくる形姿をもち、そうして弦で支配された主体にホルンその他の管の音色がところどころ添えられ、いわば淡彩面のテクスチュアをもって書かれている。カラヤンの《指環》はそれをもって油彩に向かって延長したさきにある。そうして、それから、全く新しい魅惑が生まれてくる。ここでは、《指環》は、まるでルノワールの絵のような、色彩の饗宴、蠱惑の芸術として、把えられている。そういう例は、いくらもある。さきにひいたブリュンヒルデとジークムントの対話も、その良い例である。だが、目だった例として、別のものを上げれば、第一幕の幕切れ近く、ジークムントとジークリンデのあの有名な愛の二重唱をあげよう。この箇所は、この楽劇を通じてのさわりの一つで、よく演奏会などでも独立して歌われる。だが、カラヤンのレコードできいてもよくわかるが、まずジークムントの「冬の嵐は五月の前に消えてゆき（Winterstürme wichen dem Wonnemond）……」以下が、ここでは、ほとんど*p*で歌われていて、ありきたりのテナーたちがやるような、イタリア・オペラ的絶唱は注意深く、しかし厳しく避けられているのがわかるだろう。ジークリンデの応唱も同様である。そのあとで、この二人が実は双生児であることを認めあう箇所がくる。これは《魔の山》の著者トマス・マンはいうまでもなく、芸術上のもっとも顕著な近親相姦の一つとして、現代の心理分析学やセックス学者たちが舌なめずりして楽しんできたところだが、この場所のカラヤンの扱いも、細かく特別の注目に値するものとなっている。

こういうことがあったのち、ジークムントは、ついに、巨大なとねりこ樹に近づき、その幹につきたてられている、剣を一挙にひきぬく。音楽が凱歌をあげて、クライマックスに達するのは、その時以後である。愛の交唱は、この時初めて実体をもつのである。ということは、この情景は、ワーグナーに珍しいアリアの交替と、述懐の交換、それから剣を手にする（剣はもちろん男性の象徴である）というふうにかわっているのではなくて、一つの流れなのである。さっき私のいった、音楽の形は、この総合としてはじめて完成する。それまでの経過、もちろん、それが音楽の姿をつくってゆくのであるが、それを一つ一つアリアとか何とかに切りきざんで、その中でクライマックスを作ったり、テンポをのばしたり、いそいだりしただけで、そういうものの連鎖として音楽を把えたのでは、「作曲とは《移行》の芸術だ」というワーグナーの真意を把えたことになるまい、と私は考える。いや、ここで重要なのは私の考えではなくて、カラヤンのワーグナーがどう演奏されているかであり、それは、こういうふうになっているのである。

これと、考え方においては同じであり、しかし効果において逆なのは、第三幕の終り、つまり《ヴァルキューレ》全体の大詰の場である。ここでは、さきに書いたような、ヴォータンのブリュンヒルデに対するあの有名な特別の歌があったあと、ヴォータンは神性をはぎとられ丘の上に眠らされたブリュンヒルデをとりまいて炎の輪をめぐらすために、ローゲに向かって呼びかける。その呼びかけに応じて、炎が次第にあたりから起こる……。

ここでも、カラヤンはヴォータンの歌を全体の経過の中で把える。だが、それは第一幕の終りとちがい、大きなクレッシエンドではなくて、巨大なデクレッシエンドの形をとる。そのためだろう、炎の音楽は実にゆっくり円を描きつつ燃えさかってゆくけれども、ハリウッド映画的な甘ったるくて金ピカ趣味の大向うむけの《壮大さ》にはついに達しない。(そういうふうにききたい人には、ショルティ版のレコードがある。あれは凄い。)

V

私は、音楽の例はもっぱら《ヴァルキューレ》にしぼったが、《黄金》でも、全体の構想と様式に変わりはない。

ただ《ジークフリート》はどうか。私は、これは舞台で接していないので、確信はないのだが、先日レコードで局部的に選んできいた限りでは、前の二部とくらべて、やや違いがあるように感じられた。管弦楽は、その二部にくらべてずっと重く厚く、量の音楽になっているようにきこえるのである。いずれゆっくりきいた上で、考えをまとめることにしよう。

ザルツブルクの復活祭音楽祭　カラヤンとバーンスタイン

暗くて厳しい寒さに支配された北国の冬が——それだけまた何か純粋で形而上的なものが感じられもしたのだが——次第に終る気配を見せはじめた三月の下旬、私はベルリンの仮の宿を離れて、一月ほど旅行してきた。シュトゥットガルトでカール・オルフの《プロメトイス》の世界初演をきき、ミュンヒェンでレンネルト演出のストラヴィンスキーとブレヒトのオペラをきき、J・ジュネの《壁》——七時から十時半まで続く、革命から死後の世界までを貫く、大変な芝居だった——を見たあと、ザルツブルクに入ったのが四月七日。そこに一週間たらずいて、その間に一挙に春の盛りに突入してしまった、オーストリアの田舎をあちこちまわりながらヴィーンにもよって、帰ってきたというわけである。書きたいことはいろいろある。だが、今はザルツブルクを中心にしよう。

Ｉ

ザルツブルクと言えば、夏の音楽祭がすでに長い伝統を持っているが、そのほかにヘルベルト・フォン・カラヤンが同じ都会で一九六七年から《復活祭音楽祭》を独力で開催しだしたというのは、日本にいても聞いていた話だし、現に昨年の秋にはもう、そのレコードが出てパリの《グラン・プリ・デュ・ディスク》を獲得しているから、世界中のレコード・ファンもすでにその素晴らしい出来映えの一端を、少なくとも音楽的には、経験している。独力といっても、カラヤンのことである。いろいろと考えてある。彼は、たしかに、主催者である。ということはヨーロッパのあらゆる音楽祭とちがって、国からも地方政府からも、その他のすべての公共ないし私的な機関からの財政的補助は一切うけてないという点で、まったく独自な性格をもっているし、事実カラヤンのまわりで仕事を受けもっている人の話では、彼がこれに投じている私財の額は非常なものだそうだ。しかし、カラヤンは、まず、ベルリン・フィルハーモニーの終身指揮者、常任指揮者として、この世界最高の交響楽団の一つを思いのままに使って練習して、まずレコードに入れる（そのレコードが市販されるのはその年の秋だが、少数はすでにザルツブルクの音楽祭の初日までにできていて、報道・批評その他重要な関係者に配布される）。つまり音楽的な面での準備は冬の間に全部ベルリンですませてしまってから、ザルツブルクに乗りこんで、今度は舞台面の稽古にとりかかるという段取りになる。その舞台はまたラジオとTVにかかる。それから、秋のシーズンにはニューヨークのメトロポリタン・オペラに招待され、そこで重ねて公演してくる（メトロポリタンでは、オーケストラはそこのを使うが、歌手と演出は同じである）。ザルツブルクの音楽祭の切符が早くから売切れであることは言うまでもない。こうしてみると、以上の収入だけでも大変な額に上ろう。書き落したが、ベルリン・フィルの出演料は基本的には要らない。この楽団は楽団員の自主的な団体であり、彼らは労働者であると同時に株主でもあって、収益はすべて楽団員の給料になるのが基本なのだから、彼らはどこで何を演奏しようと、毎月の月給の枠内での仕事をしていることになる。

何年か前、カラヤンは選りすぐった音楽家の一座をつくって、世界中の主だった小屋を興行してまわるオペラ団という構想を語っていたことがあった。ザルツブルクの音楽祭はその端緒であるかも知れない。これで例のなんとかいう超大型航空機が完成すれば、その一座は今月はニューヨーク、つぎはブエノス・アイレス、ロンドン、モスクワ、東京と打って回るようになるだろうことは目に見えていると言って良いだろう。それが実現すれば、非ヨーロッパ世界はもちろんのことだが、ヨーロッパの音楽劇場生活にとってもどんなに革命的なことになるか。これは、むしろ東京や大阪のような、《自分たちのオペラ》という伝統を持たず、《自分たちの音楽と音楽家》という意識のまだそれほど強く根づいていない土地ではすぐにピンとはこないかも知れないが、少なくともヨーロッパ社会では大きな変革につながるに相違ない出来事なのである。

こういう言い方は抽象的に響くかも知れない。それにまた、むしろ今日の社会はすでに大分前から、レコード、ラジオ、ＴＶ、映画といった機械的再生の技術と装置の飛躍的な発展を通じ、また交通機関の発達によって、かつてとは比較にならないくらい簡単に世界中の聴衆が世界中の音楽と音楽家に、接することが日常茶飯事となってしまっている現状、いや今日の音楽生活はそれらの現象を除いては成立しなくなっている事実を考えれば、ことがらの革命的というよりは、ごく自然な展開にすぎないという考え方だって当然あるだろう。

だが、そういう趨勢があると認識することと、具体的にその道を自分で精力的に開拓してゆくその姿に接してみることとは少しちがう。

II

カラヤンの復活祭をはさんだザルツブルクの音楽祭は、当面ワーグナーの《ニーベルングの指環》四部作を一年に一つずつ新演出でとりあげるのと、それとならんで何回かのベルリン・フィルの演奏会も聞かれるという形でできている。しかし、その重点はもちろん《指環》の公演にあるのであって、演奏会は、経済的な考慮ということよりも、むしろカラヤンの側からのベルリン・フィルの楽員たちへの感謝と同僚的友情の捧げものであるといってよかろう。

《指環》は昨年は《ワルキューレ》であったが、今年はその《ワルキューレ》の再演に《ラインの黄金》の新演出が加わる。演奏会はベートーヴェンの夕べと、ブラームスの《ドイツ・レクイエム》との二種であった。

カラヤンは、そのすべての音楽的催しの指揮者であり、楽劇では演出にも当る。ほかに装置はシュナイダー・ジームゼン（Günther Schneider-Siemssen）、衣裳にはヴァケヴィチ（Georges Wakhévitch）という名が上げられているが、そこでもカラヤンの考えが強力に働いている、というより支配的で、基本的なアイディアは彼のものだと見てよいようだ。

ところで、《カラヤンのワーグナー》の特徴は、室内楽的な澄明さに到達したといっても決して過言でないほどの管弦楽の未曾有の精緻さと、これまたこれまでの《ワーグナー》ではあまり中心におかれていなかった歌唱のベル・カントと抒情の重視にあると言ってよいだろう。

ベルリン・フィルハーモニーは、カラヤンの指揮の下で、この巨大な楽劇を、これまでの巨大な波濤のように揺れ動く管弦楽曲としてでなくて、まるで交響曲のように、桁はずれにデリケートで、誘惑的な甘美さにみちたニュアンスと、縫い目が耳につかないような円滑な推移とで演奏する。木管のカンティレーナは柔らかさの極致だし、金管のファンファーレはむしろ雅《みや》びで優しく、軽くゆさぶるようにきこえてくる。そこに弦の透明で香りの高い走句が加わる。そうしてある時はキラキラと輝き、ある時は冷たく底光りする音色の変化の無限の楽しみ。それは、言いようなく精緻で精確で、しかも、なんの無理もなく、良く流れる音楽となっている。これは、ベルリン・フィルハーモニーだからこそできるのだが、また、一九五五年フルトヴェングラーの後をおそって、常任指揮者に就任して以来、十数年の間にこの交響楽団を完全に掌中のものとしたカラヤンにしてはじめてできることでもある。

カラヤンの指揮は、私は今度もベルリンで演奏会でも何回もきいてきたが、ますます堂に入ってきた形で、その指揮ぶりの簡潔さ（彼が両手を肩より高くあげることは一曲のうち、数回しかない）、《作る》とか《盛り上げる》とかいうより、楽員の方から沸き出てくる音楽をうけとめて、方向づけるという楽々としたやわらかな姿勢が何よりも目立つ。さすがにワーグナーの楽劇ともなれば、音楽の起伏は大きく、呼吸は深く、振幅は非常に広くなるが、しかし、原理は変らない。すべては、タッチ、暗示の芸術である。恐らく、ドイツの音楽が、こんなに印象主義的な芸術に近よったことはなかったのではあるまいか。

歌手についても、その原理は変らない。まず歌手の選択が、慣習のそれ、そうしてそれの最高の形としてのバイロイトのそれとは違う。今年の歌手で最もその典型を示したのはヤノヴィッツ（Gundula Janowitz）だろう。ヤノヴィッツは、今度ドイツに来て私が感嘆したソプラノの一人だが、さすがに故ヴィーラント・ワーグナーとカラヤンとの二人が無名の新人に同時に目をつけただけのことがある。しかし、ヴィーラントは彼女に軽い役を与えたのに、カラヤンは中心的役に――《ワルキューレ》のジークリンデに抜擢した。ということはヴィーラントが、この人のどこをとってもきず、もよごれも感じられない音色の美しさと柔らかさと肌理《きめ》の細かさをもつ声は、ラインの乙女の一人としてこそ最適であり、またその役の最上の歌手と考えたということを意味し、カラヤンはそういう声こそ、この楽劇の中心にあるべきだと考えたことを意味する。彼女の声と演技は、昨年も評判の的だったのだそうだが、今年は一層評価が高まり、どんな批評もまず彼女の目ざましい成長に対する賛辞から始まらないのはないといってもよいくらいだった（演奏全体が今年は、昨年の実演とレコードとの出来にくらべて、安定性と正確度をましたというのが一般の評判であった）。ブリュンヒルデを歌ったのはフランス人のクレスパン（Régine Crespin）。この人も一口で言えば、ニルソンと対蹠的な歌手である。劇的というより抒情的である。絶対技術的な、また楽劇的演技上の立場から言えば、ニルソンは今日最高無比のブリュンヒルデであり、クレスパンはむしろジークリンデの方が無理のないところだろう。しかし、カラヤンの全体の構想がどこにあるかは、この配役にも端的に出ている。ニルソンにくらべれば弱く個性的ではなく、これは普遍の女性的存在の水準を超えた強く巨きな女の半神というより《人間に対する同情》を知って、戦士から女に還った（？）ブリュンヒルデである。

あとの配役も、みなこの調子である。こういうカラヤンの構想を、最も通俗的な例で示せば、第一幕の有名な《冬の嵐》云々で始まるジークムントとジークリンデの二重唱は従来の慣習と逆に、グランド・オペラ的絶叫ではなくて、極度に、控え目なほとんどきこえないくらいのピアニシモで扱われる。そのために、聴衆は、音楽が心にまで届いてくるのをじっと目を閉じて待つとでもいうほかないような恋の二重唱となる。終幕の大詰も同様。ここでもヴォータンが燃えさかる炎に包まれて眠るブリュンヒルデを残して声涙共に下る告別の大演説をやる場所ではない。ヴォータンは、もう《世界が終焉し没落することだけが望み》の男であるにすぎない。ブリュンヒルデを眠りにつかせたあと、彼が歌うのは、炎の環はいずれ破れ、新しい英雄も自分の無知による裏切りと、他人の陰謀によって死ぬだろうということを、予覚している男の独りごとにすぎない。

III

だが、音楽的、そうして劇的な見地から言うと、今年新演出された《ラインの黄金》は《ワルキューレ》より、さらに歌手の統一とアンサンブルが良くなっているように、私には思えた。ことに八人のワルキューレたちのアンサンブルに比し、ラインの三人の乙女たちのそれは一段と高度の統一と変化をもっている。この三人をこれほど個性化し性格づけるのに成功した演奏は、私はかつてきいたことがないほどだが、それでいて合奏も完璧だった。それとヴォータンの一族の神々、二人の巨人（タルヴェラとリッダーブッシュの名演、名唱！）、アルベリヒ（ケレメン Zoltán Kelemen）と、ミーメ（ヴォールファールト Erwin Wohlfahrt）との細かくニュアンスづけられ、強く特性づけられた演奏。どのグループをとっても、それぞれがほかと違いながら、また一対としてのチーム・ワークがよくとれているのに感心した。例でいえば、ヴォータンから黄金や隠れ蓑をまきあげたあと、人質にとったフライアをかえす、あのくだりでの二人の巨人同士の話合いなどピアノで歌われ控え目に演じられているのに、表現は、隅々までよく透ってくる造形的明確さで刻まれている。

私がかつて、バイロイトでこの《指環》四部作をはじめて通してきいたころは、ハンス・ホッターがヴォータンを演じていた。そうして、私は、《黄金》から《ワルキユーレ》《ジークフリート》と権力の喪失と諦念の深まりが進むにつれて、ヴォータンの性格（つまりは演奏である）が、彫りを深めてゆくのに感嘆し、魅了されつくしたものである。しかし、カラヤンは、ヴィーラント・ワーグナーとは別の考え方を持っている（といっても、これは昨年秋ベルリンのオペラで通して演じられた《指環》の演出に当ったゼルナーの考えも同じなのだが。それにこれは解釈上の問題であるよりも、あるいは、ホッターが歌えなくなった現在、世界には《指環》全曲を通じてヴォータンを歌いぬく歌手・音楽家は、もう、存在しなくなったからかも知れない）。それは、各曲ごとにそれぞれ別の歌手をあてて、ヴォータンの変化を明らかにしてゆくやり方である。そうして、今年のザルツブルクでの呼びものの一つは、フィッシャー＝ディスカウが《黄金》でヴォータンを初めて演ずることにあった。フィッシャー＝ディスカウは、ドイツ歌曲の最高の歌手であるとともに、近年はオペラ歌手としてもそのレパートリーを広げて非常な成果をあげている。現に私はこの旅行に出る前ベルリンで彼がベルクの《ルルー》のシェーン博士を演じるのに接して感心してきたばかりである。歌手として、彼ほどの知性（人間的にも、音楽的にも）を持っている人に、私はこれまで出会ったことがない。豊かな天分と技術の完備とを合わせもっているだけでも大変なところに、この知性である。しかし、彼のヴォータンは、いわば高貴さと知性の高さで抜群であっても、私には物足りなかった。彼の声が、周知のように、バス・バリトンの柔らかな深みと豪気とよりも、高い音域での輝きと統制と表現の細心とで優れているためかも知れない。とにかく、彼のヴォータンは、自分の城を築かせるのに、工事を請負った巨人どもと守る気もない契約をとりかわしたり、彼らに契約の履行を迫られると、ローゲの口車にのって、地下の世界に出かけていって矮人《こびと》のところから詭計を弄して金や宝物をまきあげるのに加担する恥しらずな神ではない。むしろ控え目で節度のある神だった。もっとも、この彼にしても、ヘンツェの《恋する若人への悲劇》のミッテンホーファーや《ルルー》のシェーンで、爆発的な怒りに我を忘れたり、計画的な殺人を冷酷に遂行してはばからない役をあんなに見事に演じるのだから、今後年を重ねるにつれて、どういうヴォータンになってゆくかは、わからない。

私にわかったのは、この配役もまた、カラヤンの《指環》全体の構想を示す人事としては、明確な線をいっているという事実である。

演奏の出来と全体が、しかし、こちらの方がまた一段と磨きがかかり、変化と統一の点で高まっていると同じように、カラヤンの《黄金》演出は、《ワルキューレ》に比して、独創性と単純化の点で、前進していた。その実例として、ごく目立った点を拾えば、幕あきのラインの乙女たちが泳いでいるのを見たのは、これが初めてである。このためにカラヤンは単純だが巧妙な手段を発見した。舞台の中央に巨岩をおき、ラインの乙女の二組を作り、一組はバレリーナを使って下から岩の上や中腹（？）に非常な速さで持ち上げ、泳ぐように動かすのである。そうしておいては、また別の歌手の一組を下の方で、時には、岩の合間でバレリーナの組と交代に、出没させては、歌わすのだ。それと、もう一つ、地下のニーベルハイムで山とつんだ黄金の上にうずくまっているアルベリヒのところにヴォータンとローゲが来ると、アルベリヒは変身のかくれ蓑でもってなんの形にでもなれると自慢して、巨大な蛇に化ける個所。あれも私は、かつて舞台で、蛇で現われるのを見たことがない。少なくとも、私の知るバイロイトのヴィーラント・ワーグナー以来の演出はすべて真っ黒な舞台の中でアルベリヒの姿が消えると、ヴォータンとローゲが上を見あげて、大袈裟に恐ろしがったり何かするだけである。ところがカラヤン演出では、アルベリヒの姿がいったん見えなくなると、うず高くつまれた黄金の山がもくもくと下からゆれ、まわり出し、高まり、その先端にアルベリヒの形をした大蛇か巨竜か、ともかく奇怪な化け物の頭がにゅーっと出ているという仕組みである。

まあ、こういうことは、この曲をさんざん舞台で見て、何か新機軸がないかと探してみるスノビスティックな遊戯でしかないと考える人もあろう。だが、この場合の重点は、そういうおもしろさのほかに、カラヤンの演出が全体としてはバイロイトの天才、ヴィーラント・ワーグナーのあの象徴化された形と色と光の舞台を起点とし支点としながらも、そこにまた、ある種のリアリズムへの回帰がみられる点にある。それはもちろんヴィーラント以前の、自然主義的イリュージョナリスティックな（いかにも本物らしく見せかけるのを目的とする）舞台の構成とはまったくちがうところから出発したものだ。しかし、ヴィーラントの、深層心理学的解釈に裏づけられたとはいえ、あくまで心理的解釈を形而上的なものにまで展開してゆこうとする歩みに対し、カラヤンのは、心理であるよりむしろ形の世界の出来ごととして把握するという考え方によったものである。

さきに書いた管弦楽の未聞の精緻（ワーグナーはもうもやもやした響きの塊、一つ一つの音の精度より唸りみたいな響きを主眼とする音楽ではない）。それからベル・カントのカンタービレと明確に造形されたカデンツをもつディクションの歌唱。それにこのラテン的な視覚と形の把握に一歩近よった舞台。こういうことの全体は、ワーグナーをいやが上にもドイツ的な芸術の根底からの産物にもってゆこうとする傾向とは対立する考え方を前提として初めて生れてくるものと見るべきではないだろうか。

こういう考え方に対し、別の考え方を対置さすことは可能だし、ワーグナーの《指環》の解釈はカラヤンをもって終りとするわけではない。だが、私には、彼の前にふれた《飛んでゆく世界劇場》の考え方と、この演出・演奏の様式とが無関係とは信じられないのである。

ただし解釈は解釈。それを現実に実現する能力はまた別なものだ。

純粋に演出家としてみた場合、私はカラヤンをあまり高く評価しない。カラヤンの舞台でみるとどうにもよくわからない空疎な空間が、あすこにもここにも、という具合に、残る。特に《ワルキューレ》でそれが目立つ。舞台上の生起はあまりにも非表現的で、緊張に乏しい。ということは、やっぱり、彼の演出がディレッタント的だからではなかろうか？　第二幕でのジークリンデとジークムントの苦しい逃避行をめぐって起るさまざまの事件は、舞台の上の動きとして完全に視覚化されていない。それと、もう一つ、私のもった演出家としてのカラヤンに対する根本的な疑問は、《指環》全体の把握がヴィーラントと全くちがうのに、なぜ舞台の中央に例のヴィーラント的円盤が置かれ、また舞台の高いところに劇全体を象徴するとねりこの樹の冠などが掲げられているのだろうか？　という点である。これは本質的矛盾である。

それにしても、さまざまの実験がなされたのだから、このへんで誰か、もう一度、作者リヒアルト・ワーグナーの指定にそって、舞台を再構成する試みをするものが現われてもよいのではなかろうか？　十九世紀もこのくらい遠くなった以上、時代錯誤そのものが悪いという段階はすぎさったと考えられないものだろうか？　それともバイロイトの巨匠の趣味は、そういう問題をこえて、今日の私たちにはどうしても我慢できないものなのかしら？

IV

ザルツブルクのあとヴィーンにいった。ヴィーンは、ヴィーンでわいていた。昨年の《ファルスタフ》の大好評に気を良くしたヴィーンの人々が、今年もまたバーンスタインを呼んで——《あらゆるオペラの中でも最もヴィーン的な》R・シュトラウスの《ばらの騎士》の新演出の指揮に当らせ、しかも、このカラヤンのザルツブルクの音楽祭の行われている復活祭のさなかに初演されたからである。

カラヤンが、一九五六年から六四年にかけてのヴィーンの国立オペラの芸術総監督の位置を大喧嘩の末やめて出ていって以来、ヴィーンの人々は新しいオペラの王者を探し求めていた。ヴィーンにいってみればわかるが、この国、この首府は、かつてのオーストリア・ハンガリー帝国以来の雰囲気がいまだに痛烈な愛惜の情をもって追憶されている土地である。人口当り世界一の面積があるというヴィーンの公園のどこのベンチにすわってみても、そこにはハプスブルク家、ことにその最後の皇帝フランツ・ヨーゼフの影が感じられる。と同時に、ヴィーンは、オペラ界の出来事が公衆の心を深く広くつかんでいる点では、現代の世界でも本当にまれにみる土地である。その点では、ミラノと双璧だろう。しかしミラノには別に工業があり別の芸術があり、そうして政治がある。だが、ヴィーンでは、オペラはすでに公的な政治の小さくない部分を占めている。

カラヤンがザルツブルクで復活祭に音楽祭をやり出したという事実は、裏がえせば、彼のヴィーンに対するなみなみならぬ愛着と憤慨とを示すものでもあるのだし、それだけにヴィーンの人々が気が気でないことは、私のような外国人にも痛いほどよくわかるのである。そこにこのバーンスタインの登場である。この両者の演奏に対するヴィーンの新聞の批評を読めば、対照は良くわかる。カラヤンに対しては賛辞の中に苦味があり、批判の中に昨日までの熱狂への愛惜がある。そうしてバーンスタインの《ばらの騎士》への批評は、英雄の登場に対する賛辞の花束で飾られている。「バーンスタインは初演を控えての新聞発表の記者会見で《ばらの騎士》は彼が生れてはじめて指揮する曲であり、あらゆるヴィーン人は彼よりもっと良くこの曲を知っているのだから、出来映えについての判断はすべて彼のプラスになるであろうと語った」とか、「初演の夜、第三幕の前奏の始まる時、バーンスタインは指揮棒を捨てて、オーケストラにまったく自由に演奏するに任せ、その間じっと腕組みして傾聴していた。これはヴィーン・フィルハーモニーの人々（周知のようにヴィーン国立オペラのボックスで演奏しているのは、ヴィーン・フィルの楽員に外ならない）への彼の敬意と信頼の絶大さを物語ると同時に、このアメリカ最大の指揮者の音楽性の純潔と謙譲さを物語る……」と、ざっとこんな調子である。

私のきいたのは、その初演のあった四月十四日でなくて三回目にあたる十九日の夜である。演奏は？　それは実におもしろかったし、このオペラをきくためにヴィーンに来られたというのは、本当に幸福であったというほかはない。バーンスタインの指揮で目立つ特徴は、まずテンポの独特、その変化の多彩さである。このオペラのいたるところにあるワルツを例にとっても、びっくりするほかないようなゆるやかさから、三拍子のリズムのまったく新しい配分に至るまで、いってみれば、どのワルツのテンポもすべてちがっている。それはフレイジングの耳新しさともなり、動きの形容しようのない多様さともなる。一例だけとれば、第一幕のマルシャルリンとオクタヴィアンが朝食のチョコレートを飲む時のワルツがあんなにおそいテンポで弾かれるのを、私はきいたことがない。それはまるで、この二人の恋人にとって《時の歩み》が停止したことを告知するかのように響くのだが、そういった、いわばきき手の《演奏の解釈》を離れても、この極度におそいテンポはなんとも優しく雅びやかな舞台の動きを作り出し、なるほど恋の疲れをいやす女性が朝の寝室でチョコレートを早く飲むはずはなかった。どうしてこれまでは、あんなにあたりまえのテンポで演奏されていたのかと不思議に思えてくるのだった。と思うと、また逆に、早い時は猛烈に早い。それは舞台に実に滑稽な騒ぎを作り出す。バーンスタインは、「R・シュトラウスほどのプログラム・ミュージックの天才の書いたものに、一小節たりと舞台の動きと具体的に正確に合致しない音符があるはずはない」と言ったそうだが、その彼の考えは舞台によく具体化されていたと言ってよいだろう。だが、この才能の豊かなアメリカ人には、ある種のセンチメンタリズムが実に深く根差している。それが、時に、歌のテンポ、ゆったりした動きのアリアの旋律線を少し誇張した曲線に変える癖になってゆく。マルシャルリンのアリアにしても、また例の銀のばらを手渡しする時の情景にしても、そのために甘美さがやや重苦しいもたれぎみのものに変る気味がある。音楽と舞台の動きが正確に一致するのは良いにしても、音の一つ一つが、こうまで《意味》を持たせられるのをきいていると、私たちは、純粋音楽がいかに無垢で爽やかなものかを想わずにいられなくなる。というのは、何もオペラの中に純粋音楽を持ちこめというのでなくて、指揮者の思い入れがどこかで不正確で過剰だということを意味するのだ。

　歌手ではマルシャルリンのクリスタ・ルードヴィヒが抜群によかった。「かかる人がマルシャルリンを演ずる以上、オクタヴィアンが彼女を愛するのはよくわかるが、ゾフィーに心変りするのは、ちょっと理解しかねる」とある批評にあったが、私も同感だ。そのオクタヴィアンはイギリス人のジョーンズ（Gwyneth Jones）、ゾフィーは黒人歌手のグリスト（Reri Grist）、ともに美声の持主で、前者は豊かな低音をもち、後者はびっくりするほど清純な快い声の持主だが、表情という点でやや一本調子と言えるかも知れない。オックスはヴァルダー・ベリー。歌は上手だし、芸は達者で、大いに笑えるが、田舎暮しで百姓に近くなりはしても貴族の名残りは争われないといった品位はなく、むしろこまごまとまめな男爵であった。

演出は、シェンク（Otto Schenk）。私は、この人をモーツァルトの研究家としては前から知っていたが、演出家としては良く知らない。これという独創味はなくとも、舞台の上の人物の動きに無理がなく、わざとらしさのない点で、よく修練のつんだ、よく考えた演出といえよう。

評判の三幕目への前奏は、私のきいた夜は、バーンスタインの棒で演奏されていたが、あの早く細かく動くフガートが楽々と、しかも音楽的な楽しみに充満した線と響きの波紋となって広がってゆくのをきくのは、実に楽しかった。

カラヤンの《ラインの黄金》のレコードのセットは間もなく発売される。バーンスタインのも、もちろん、《ファルスタフ》の例にならって発売されることであろう。

カラヤンのヴァーグナー『パルジファル』

カラヤン指揮の『パルジファル』（グラモフォン＝00 MG 0086〜90）をきき出した。きき出したのであって、まだ途中、やっと第一面をきき終えたにすぎない。

私は、オペラだとか楽劇だとか、レコードで三枚、四枚といった組物をきくのは、とてもむずかしい。あるときは、時間が足りない。あるときは、こちらの辛抱が続かない。レコードをききながら、そんなに長くじっとしているのが、私には苦痛なのである。だが、最近のある日、思いたって、『パルジファル』をきこうと大決心をした。そうして、そのために時間をつくり、きき出した。ところが、その途中で、思いもよらぬ障害が入り、中止しなければならなくなった、というわけである。

しかし、きれいだった。けだるい生暖かさにみちた春の日の午後おそく、牡丹の花か何かの、あの幾重にも重なった、重くて濃厚な美しさをたっぷり味わわせてくれるものは何かと考えて、かけ出したレコードだったが、その期待どおりのものを与えてくれそうな、そういう開始だった。

「私の音楽の醍醐味、私の音楽の心髄は、『移行の芸術』ということ。すべての四角ばった区切り、段落づけは、いまや私には、うとましくなってしまったのです」と、『トリスタン』を書き上げたヴァーグナーは、マチルデ・ヴェーゼンドンク宛の手紙のなかでいっていたけれど、その「移りゆきの音楽」(Kunst des Übergangs)は、『トリスタン』だけでなく、『パルジファル』についてもあてはまる。『パルジファル』は、まるで夢のなかのよう、初めもはっきりせず、およそ輪郭というものがない。筋だって、あったような、なかったような。あとで話そうと思っても、一時に幾つものことが進行していたみたいで、結局、どれが主筋だったか。また、そのなかで、私たちが見たりきいたりしたものが、果たして、劇にとっての中心的問題だったのかどうか。もしかしたら、まったく枝葉末節のことでしかなかったかもしれない。そんな始末だから、終わったといわれても、いつ、どうなったから、終わったのか。そういうことは、一切、明確につかみかねる。春の夜の夢のような音楽と劇の重なり、それが『パルジファル』である。

私が、この音楽に接したのは、いまから三十年近く前、はじめてパリに行ったとき、ドイツ・シュトゥットガルトの国立歌劇場の一行がパリ・オペラ座に客演したとき、きいたのが最初。それは、また、大ヴァーグナーの孫のヴィーラント・ヴァーグナーが新演出にとりかかって、一、二年というところ。ヴィントガッセンや何か、ヴィーラントの演出に切り離しがたく結びついている歌手たちが、まだ若々しい声と容姿でステージを飾っていたときのこと。この一行は、パリには、たしか、その前の年にも来て、大当たりをとったので、再演に来ていたのだったと覚えている。

ヴィーラントの演出でヴァーグナーの楽劇を経験した人なら、みんな知っている、あのあらゆるがらくたをさっぱり放逐してしまって、装置から小道具は最少限度にきりつめ、もっぱら光と色だけがつくりだす舞台と、そこに登場する形と影によってかもし出される世界が、リヒァルト・ヴァーグナーの音楽とどんなにぴったりしたものに感じられたことか。

もちろん、私には、こういう経験はまったくはじめてだった。何と、すべてが手垢のまったくない清新さと、それから、ほかのどんな舞台音楽にもない魅惑の深さをもっていたことだったろう。

前奏曲が終わって、舞台があいたって、ほとんど真暗で何にも見えやしない。しかし、そのうちに青白い光がどこからともなく射しこみ、薄明のなかで、うごめくものの影が見え出す、といった次第で、これは比喩というのでなくて、文字どおりの、夢の世界への招待であり、ここでは、音楽を一生懸命きいていればいるほど、ますます暗間のなかにとけこみ、陶酔だけが、私たちのなかの深いところで目をさますのだった……。

そのときの経験に、このカラヤンのレコードが、いちばん近いというのではない。そうではなくて、このレコードの出だしが、以来、私のなかで眠っていたそのとき味わった陶酔をもう一度、ひき出したというのである。

幕があいて、グルネマンツが何とかいいだし、騎士たちとアンフォルタスの噂をしていると、クンドリーがかけこんできて、何とかいったかと思うまもなく、地面に身を投げる。やがて、輿にのせられたアンフォルタスが登場する。

こういった、舞台上の出来事のすべてが、灰色の薄明のなかを、あちこちから射しこんでくる日の光みたいな歌声として、私たちの耳に響いてくる。その大部分がすごくゆっくりした歌い方なので、レコードできいていると、そのたいていの歌の言葉がききとれる。だが、たとえ、こんなによくわかっても——というのは、実演では、いつもこうとはいかないうえに、私がパリできいたときなど、何といっても、はじめてきいたのだから、とてもわかるはずがなかった——、その言葉たちの意味より、響き、母音や子音の明るくなったり暗くなったりする響きの交代以上に格別の意義のあるものとも思えなくなってしまう。すべてが、香りのようなものになって、あたりに漂う。

私は『パルジファル』のレコードは、いつか、クナッパーツブッシュの指揮で——

第一幕だけだったかしら――きいた覚えがあり、また、ほかのどのレコードよりそのときのことをいちばんよく覚えているが、クナッパーツブッシュのでは、音楽の骨組がずっと太くて、いわばいつもがっしりした枠組がはっきり見える構造物を目の前にしているような気がしたものだった。そのうえ、そこにはいっぱいいろんなものがつまっていて、『パルジファル』とはこんなに中味のつまった音楽だったのか！ と感心した。

だが、いま、カラヤンので――第一面だけのことだけれど――きくと、音楽は……いや、そのことは、いま、書いたばかりだ。それにここでの響きは何と美しいことだろう。バイロイトに本拠をかまえた老いたる天才の魔法的な芸術は、この曲にいたって、その魔力の頂点に達した観があるのだが、老いつつあるカラヤンの指揮も、彼は彼流の魔的な力の濃密さの点で、おさおさ、それに劣らない。

春宵一刻価千金

と、昔の中国の詩人は詠じたけれど、このカラヤンで『パルジファル』をきくのは、まさに、それにぴったりの趣である。

カラヤンという人は、人も知るように、昔から耽美的傾向の強い音楽家だったが、それは彼の個人的な特性のいちばん表面にあるもので、彼がひたすらに美を追うというときの、その「美しさ」は、年とともに、ますます、「音楽」一途に走ってゆくのがみられる。何年か前に、カラヤンが入れたベートーヴェンの交響曲全集レコードというものだって——一体、あれは彼にとっての何度目の全曲盤だったのだろう？　私はとても、全曲なんてきき通せなかった。レコードのなかの何枚かは、いまだに針も通さないまま、どこかに横になっている——、そのなかの何枚かをきいてみるとすぐわかるのだが、ますます、「純音楽化」した演奏になっているのである。もう、ベートーヴェンとは誰かとか、第何番交響曲の精神的内容はどうかとか、その曲の演奏の歴史的変遷はどうかとか、そういったことは、彼の意識のなかで、どんどん抜け落ちていってしまいつつあるのがわかる。『第五』だから、『エロイカ』だからという聴き方では、間に合わない、よくわからないところが、どんどん多くなってくる、そういう過程のなかでの演奏といった感じであった。

そういう流れのなかでの、今度の『パルジファル』である。いや、第一面をきいただけだと、そういう感じが、強烈に、するのである。そうして、老ヴァーグナーの書いた最後の作品には、こういう行き方は、ベートーヴェンの場合より、ずっと合う、と思われる。

充分に暇をかけて、ゆったりと、春の宵を、あるいは夏の夕べを、全身をたっぷりと音楽のなかに埋めてすごしたいと思う心と、実際に、その贅沢が許される時間がとれたとき、私は、もう一度、このレコードに戻ってこようと思う。そのために何時間かじっと坐りつづけ、ききつづけることは、レコードという人工の天国の与えてくれる、それは、最高に贅沢で、最高に酬われるところの多い仕事になるだろう。

ブルックナー再説

カラヤンそしてシューリヒト、ショルティ

何カ月か前にブルックナーについて書いた。その後、夏になり、私は、この主題について書きつづけるのを休んだ。何しろ、私にとっては、ブルックナーについて書くのは非常に疲れる仕事であって、夏の東京の片隅に生きていて、それを続けるのはもう私の体力と思考力の限度を超える業になったからである。それにまた、この音楽について仕事をするのは、夏でなくとも疲れる。ブルックナーは当分休もう、一年間にあれ以上を彼に捧げることはできない、と思いはじめてさえいたのである。

ところが、仕事をしてみてはじめて知ったのであるが、日本にはブルックナー・ファンが意外に多いらしい。私は、いろいろ未知の方がたから励ましの手紙や葉書を頂き、またそれまで顔を会わせていても、お互い、ブルックナーのブの字も交したことのない人からさえ、あの続きはいつ書くのですか？　と催促する電話をもらったりし

た。私はびっくりし、自分の怠惰に抵抗し尻ごみを克服しなければならないのかと、思い直した。

それに、私は、前にはカラヤンのブルックナーに一言ふれて、うちきった。ブルックナーをきかないでカラヤンは論じられない、などと見栄をきったりして。ところが、それがいつの間にか、ブルックナーはカラヤンをきかなければ論じられない、と書いたみたいに受けとられているという意外な事実もある。その尻ぬぐいもしなければならない。これは、あなた方の読みちがいですよ、といって済ましてしまうには、少し問題が大きすぎるだろう。それにブルックナーでは、まだ、シューリヒト、クレンペラー、ヴァルターといった超一級の大家たち、それからショルティ以下現役のばりばりもよく手がけている。私は、とてもその全部にはふれきれない。これで一応打ちきりということにして、少なくとも、あと、一つ二つの問題を扱ってみる。

I

先日、アメリカ合衆国からきたあるピアニストと雑談していたら、このごろはアメリカではマーラーとブルックナーの演奏がやけに多く閉口だ。どうしてこんなことになったのかとぼやいていた。私が、ブルックナーをはじめてきいたのは、一九五三年そのアメリカにおいて、フィラデルフィア・オーケストラをヴァン・ベイヌムが指揮したときである。ベイヌムは第七をやった、と覚えている。きき終わって休憩に廊下に出たら、私はヴィリ・アペルだという老人に出会い、「ベイヌムの指揮は、ニキッシュに似てると思うが、どうか?」などいわれ、アペルという名にすでに驚いたうえに、ニキッシュなどという名を持ち出され、挨拶の仕様もなかった。そんなことを覚えているのも、当時はまだ、アメリカではブルックナーをとりあげるのは冒険で、現に演奏中に席を立って出てゆくものもいたくらいだったからである。ニューヨーク・タイムスのオーリン・ダウンズのこの演奏会の批評も、明らかにこの交響曲を持てあました感じが出ていた。そういう情勢が、すっかり変わったらしいのである。日本とて、同じようなものだ。最近はブルックナーをやると、かえって客が集まるのだそうである。ブルックナーの何の魅力にひかれてのことか?

きまっているではないか! ブルックナーといえば、まず、あの重厚さ、荘重さ、金管の重量感のあるファンファーレと、壮麗な旋律、和声の妙、対位法のおもしろさだなどという人もいる。そうにちがいないが、それよりもブルックナーといえば、まだ、何か一通りのきき方、つまりは一つにきまった演奏の仕方しかなく、これを達成しているのだけが真のブルックナーで、あとは芸の境にいたらぬもの、不完全なもの、あるいは邪道であるものというふうにきめてかかるような気配が濃厚な、この国のブルックナー・ファンの在り方が、私には、あんまりわからないのである。ひいきの引倒しというか。いかに好きだといってもこう自分の好みにしがみつき、他人を排斥するのは感心しない。ブルックナーといっても、もう少数の専門家しかやらない時代は、とっくに過ぎ去ったのである。それはこの作曲家生前から死んだ直後のシャルク兄弟とかリヒターとかのころの話だ。そのあとフルトヴェングラー、クナッパーツブッシュ、ヴァルター、ヴァインガルトナー、クレンペラー、メンゲルベレク、ベイヌム、ヨッフム等々の錚々たる大家たちが競ってブルックナーに対するそれぞれの見解を示し、その真髄と信じるものを演奏によって公衆に提出したあと、今日では、ブルックナーを全くやらないという方がその人の音楽観と音楽性を端的に示すという時代に入っているのである。いまではクレンペラー、ジョージ・セルからごく若いメータにわたる広大な年代の層にわたる指揮者たちが、こぞって彼をとりあげている。

あと何年かしたら、ブルックナーがベートーヴェン、モーツァルトらと同じように、全く国際的なレパートリーになるかどうかは、また別の問題があるけれども、考え方によっては、ブラームスだってまだ充分にそうはなっていないのであり、逆にまた、トスカニーニ、デ・サバタ、モントゥー、ミュンシュ、クリュイタンスといったラテン型の指揮者たちがブラームスを完全にとり入れてしまったように、ブルックナーもそうならないとはだれにもいえないのである。

まあ、前おきはこのくらいにしよう。

II

カラヤンのブルックナー。それを完全に現代の第一級の演奏と認めるかどうかなどというのが、問題になるのは、日本ぐらいではないだろうか？　カラヤンはデビュー当時から片手にイタリア系を含むオペラの指揮者を看板にしていたように、一方ではブルックナー、R・シュトラウスに至るドイツ・オーストリアの交響音楽の指揮で、名声を博してきたのである。現に、彼は、ヴィーン・フィル及びベルリン・フィルを帯同しての来日公演に、それぞれブルックナーの第八交響曲を指揮している。そのほか、私は、彼では第四、第七をベルリンやザルツブルクできいたことがある。ブルックナーは、カラヤンのレパートリーの大切な柱の一つなのである。ただし、カラヤンにとっても、ブルックナーは何時何処《いつどこ》ででも簡単にやれない性質の音楽である点が、別の曲目とちがう。

レコードでは、私は、長いこと、かなり古い外国盤で第八交響曲を持っているだけだった。何年か前、日本のグラモフォンで第九が出たが。しかし、私の持っている第八（ベルリン・フィルの演奏、アメリカ盤ＡＮＧＥＬのＡＮＧ三五六一六と七。モノーラルである）は学校で講義のときに何回も使ったりして、いまではきずもつき、ザラザラになってしまっているので、今度改めて日本の東芝から出ている盤を準備してみた（A　AA七六五二―三）。ところが、同じ演奏をこれはステレオに直したせいでもあるのか、反響が豊かにつき、音に肉はついたという感じはするが、私の前からきいてきた盤にくらべて、鋭さとある微妙な翳りとが全く失われてしまっている。日本盤だからといってケチをつける気は全くないどころか、たいていはそれできいているのだが、残念ながら、これでは、私の考えてきたのとちがう。仕方がないから、また針の音のいやになるほどまざってくる盤できき直すことにした。

カラヤンの使っているのは、ブライトコプフ・ウント・ヘルテル（Breitkopf und Härtel）出版のポケット・スコアと同じ版である。これは、前にもふれたが、ブルックナー学者のハース（Robert Haas）の編集になるもので簡単にいえば一八八七年の第一原典版と、そのあと一八九〇年に改訂を加えた版と（念のためいっておくが、これも彼が自分の手で行なった改訂である。だから、自筆版といっても二つあるのだ）、その両方から編んだものである。ブルックナーの交響曲のスコアの話は、いつも書くように、それだけでも一冊の本になる非常にこみ入った話だし、第一、私はその専門家でも何でもない男だから、ここでは簡単にふれることしかできないが、この一八八七年版と九〇年版のちがいは、スコアの各所に削除や楽器編成の改訂があることのほかに、幾つか大切な変更がある。まず、第一楽章の終り（スコアでZのところから）

のダイナミックス。あの素晴らしいpppは実は九〇年版で変えられたので、八七年版ではfffになっていたのである!!（こんなことってほかに考えられるだろうか？）第二は、アダージョ楽章を、はじめは第二楽章においていたのを、第三楽章に入れかえたこと。それにこの楽章でのクライマックスの調性を変更したこと。第三は、スケルツォ楽章のトリオを完全に書きかえたこと。第四に木管を二本から三本にふやしたこと。そのほかいろいろな箇所で合計ほぼ一五〇小節を削ったこと。だいたい、こうなる。

それで、ハースの版は、この九〇年版の改訂のうち、第二、第三、第四といった諸点はそのまま残しながら、ブルックナーが削除したもののうち、ある箇所を復原して作られたものである（これは一九三九年に出た）。復原は、特に第三アダージョ楽章の（ハース版で、二〇九～二一八小節にもわたる）長い楽段と、第四楽章の二一一～二三〇小節にまたがる、これもかなり長い箇所と、同じ楽章の二五三～二七一小節までの間が主だったものである。ただし、この第二の二一一～二三〇小節の部分は、九〇年版では、別の編成になっていて生きている（つまり八七年版では、はじめはＢクラリネット二本と弦の上三部）。それに二一五小節からホルンが一本加わり、さらに二一九小節からはフリュートが三本加わって、クラリネットが休み、二二三小節からは第一ヴァイオリンのソロが三小節の動機を奏するといった編成でかかれているのだが、九〇年版（といってもこれが出版されたのは一八九二年である）では、ブルックナー自身の手で全部が四小節でティンパニと弦のピツィカートの音楽に書き換えられ、入れ替っている。

このハースがブルックナー協会を去ったあと、一九五五年にノヴァーク(Leopold Nowak)が、新たにブルックナー協会監修版として、もう一度、一八九〇年の草稿にもとづいた版を発行した。ノヴァーク版ないし一八九〇年版と呼ばれているのが、これである。

私たちが、いま簡単に手に入るレコードでいうと、シューリヒト指揮のヴィーン・フィルの演奏したもの(EMI　ASD六〇二と三)およびショルティ指揮ヴィーン・フィル演奏(L　SLC一七九一～二、これはノヴァーク版と銘うっている)が、後者にあたる。フルトヴェングラー＝ベルリン・フィルの版は、ハース版を基にしているのだが、どういうわけか緩徐楽章でのハースの復原は採らず、これは削除して演奏している。そうして、このハース版をもっとも忠実にとっているのが、カラヤン盤なのである。クナッパーツブッシュ＝ミュンヒェン・フィル盤はノヴァーク版にもっとも近いが、違いもある。

私は、これまできいてきた限りでは、ハース版に賛成である。(もう一度書いておくが、私はブルックナーを専門に勉強したわけではなく、私のいうことには何の権威もない。私はただ、音楽好きとしてのこれまでの経験と考えから、こう思うといっているだけのことである。そうしてこの点でも、前に書いたようにイギリスの専門家シンプソン〔Simpson "The Essence of Bruckner"〕と同じ考えに到達したのをうれしく思っている。)

だが、私がカラヤンの演奏を好んでいるのは、もちろん、それだけの理由ではない。カラヤンのブルックナーの演奏の特質は、その流麗な流れと音の美しさ、そうして旋律の表現力の豊かさと要約できるだろう。姉妹芸術にたとえれば建築でのオーストリア・バロックの建築様式にいちばん近いブルックナーの音楽に、流麗、典雅は縁の遠い品質ではないかと思う方もいるだろうが、現地でじっくりイタリア等にくらべてずっと遅れて開花した南ドイツとオーストリアのバロック建築をみていると、アザム兄弟らの教会建築と彫刻におそらくもっともよく現われているように、そこにはもう当然にロココへの移り行きが含まれているのである。大体、オーストリアのバロックはイタリアにくらべて大分おそく開花したのであって、内部から盛りあがってきた複雑な線と形の輪郭の流れは、滑らかな肌とよく磨かれた光沢をおびた曲線となり、高窓から射しこむ光は、彫像や柱の肌をなめらかに滑りながら波形の明暗を作りだす。そうして、色は、実質であるとともに反映でもあるような軽みを帯び出している。

カラヤンのブルックナーは、一口でいえば、そういうブルックナーである。

もう少し具体的にきいてゆこう。第一楽章で目立つことが二つある。一つは——この楽章をありきたりのソナタ形式の用語で説明するのは、ややためらわれるけれども――とにかく、あの素晴らしいリズムを持った主題につづく提示部の一群が終わって、音楽がいったん静まりホルンとオーボエの呼応する楽節を通ったあと、（第一四〇小節以後）Hの部分から展開に入るとみるとすれば、そのあと主題が反復（転回）形になったり何かしながら、複雑に装飾され変形されつつ進んだあとで、大きなクライマックスに達し、そこでバスが主題を奏する。これが再現か？　たいていの指揮者の演奏では、そういう感じをうける。無理もないことで、ブルックナーはここに改めて Feierlich breit（荘重に、幅広く）と発想記号をつけてるくらいなのだから。それに主題も逞ましく、壮大に拡大されている。

クナッパーツブッシュやシューリヒトたちの燦然と逞ましい音の盛りあがりは、この考えから生まれてきたものである。しかし、私はスコアを全部書き写せないが、ここでは調性はまだ安定していないのである。この主題はまだまだあちこちとゆれていく。引用したのが *f* から始まっていたように、つぎにMの所では as で始まり、ついで二四五小節からは c で始まるというふうにセクヴェンツで主題の形はそのままに、上昇してゆく。そうして、その大分あとになって、*p*（第二七九小節）でフリュートと第一ヴァイオリンがまるで鳥が囀りながら高みから舞い下りてくるように、高い変ト音からハ音に一度おちついたのちもう一度それをやり直す。そのときに、第一オーボ

77.

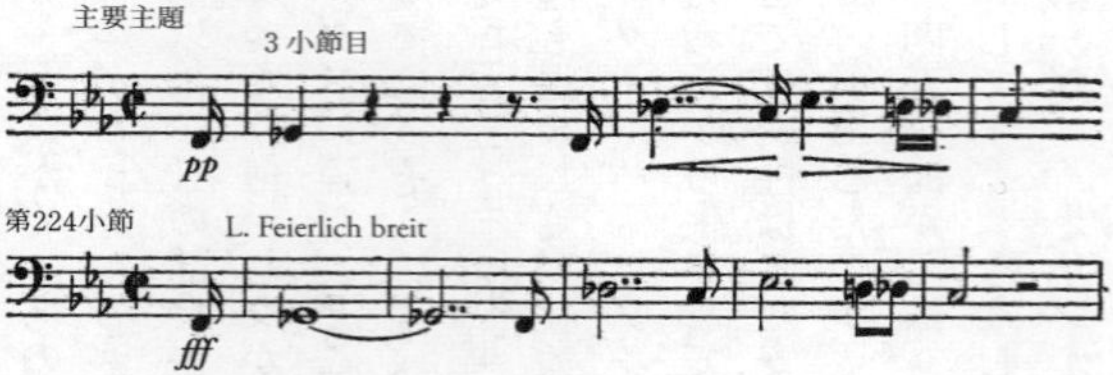

78.

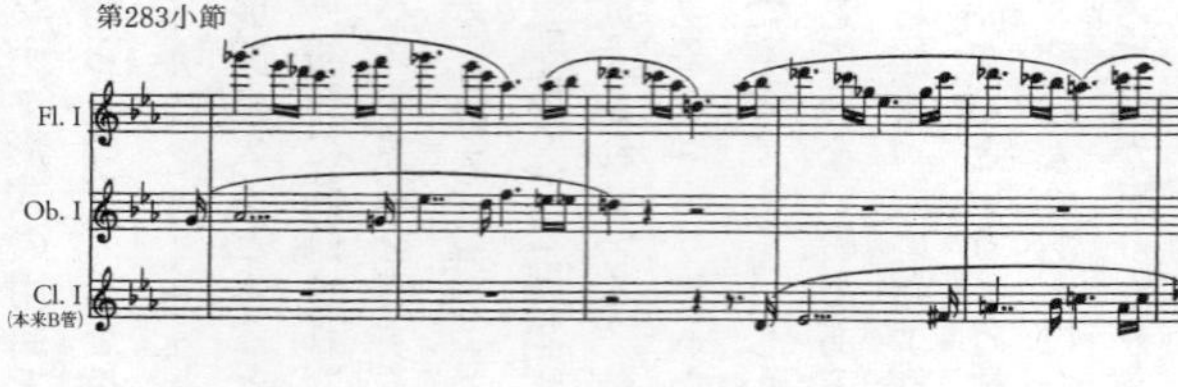

エが主題を*mf*で、しかし hervortretend（前面に出るように、つまり目立つように）と注意書きされつつ奏し、ついでクラリネットがそれをやや装飾して吹く。ここは心憎いばかりの微妙なところであるが、考え方によれば、これが再現なのかも知れないのだ。ちょっと長いが、楽譜を写す。木管だけでこの下に第一ヴァイオリンとヴィオラがあるが、それは省略した。

こういう音楽のカラヤン指揮の微妙な美しさは類を絶している。だが、そういうことは、もしこれが、細かい経過的な楽節だったら、表面的な些細なことだといってすまされないこともない。だが、もしこれが再現の入りを示すのだったら、そうではなくなるだろう。これを最終的に決定するのは、私にはできない。私は再現だと思うけれど。そうなると、また一つの謎が生まれる。この悲劇的に壮大な冒頭楽章の再現として、これはまた何とアイロニカルに小さな形でしかないのだろう？　それはなぜだろう。それを解く一つの答えはシンプソンの説で、彼はそのためにブルックナーは最終楽章コーダで各楽章の主題が同時に組み合って出てくるあのバロック的離れ業（楽譜74参照）をやる大分前、すでに五二小節で、第一楽章第一主題の回想を大がかりにやったのだ。いわばこの主題の回帰は、――それまでいろいろに変装して各楽章に散見されたのは別として――この時はじめて全力をあげて現われるのだ、という。これは、ブルックナーの作曲それ自身に劣らぬほどの大胆な仮説である。

だが、こういう解釈も、カラヤンの演奏を説くために直接必要というのでもないのだが、私としてこの二つのちがった持ってゆき方にはそれぞれに理由があるのだろうという点に、読者の注意を強くひいておきたいし、それが必要だと考えたのである。ある箇所を、それだけとりだし、ききくらべてみても、各指揮者の考え方の相違が必ずしも正しくはつかまえられないということの、一つの例である。

それと、もう一つ、カラヤンのこの楽章の指揮で目立つのは、例の結びが、私たちの知るふだんの彼からは想像されないくらい、効果に貧しいということである。前にも書いたが、この終わりの *p*―*pp*―*ppp* と消えてゆく結びは、この交響曲全体を通じて、もっとも印象的な箇所の一つである。それが、カラヤンはどうも弱い。これとは正反対なのが、シューリヒトである。彼のブルックナーは、一口でいって、剛直雄勁の極みともいうべきものだが、そういう人の指揮によると、この結びは本当にブルックナーのいわゆる《死の時計》が刻まれているのをきく思いがする。おもしろい対照である。（さっきの再現はどこかという問題にからめていえば、シューリヒトでは問題なく、さきにあげた*fff*で第一主題がもどってくる箇所から、再現と見ていることがわかる。しかし、私が要記しておいたように、実はブルックナーが一八八七年にこの交響曲の第一版を作ったときは、この結びは*ppp*でなくて*fff*としてあったのである。それを、彼は考え直して、後に全く逆なものにしたのだ。だとすると、ある問題が残る。ブルックナーは最初*fff*で結んだとき、何を考えていたのか？　楽譜をそのままにしてダイナミックを正反対に切りかえたのは、全く正しいことだったかどうか？……）カラヤンの指揮に戻ろう。第二楽章。この楽章が、彼の指揮ではもっとも平凡なところではなかろうか？　これはAllegro moderatoの、そのモデラートに力点をおいた解釈である。この音楽は優しく、親しみさえ感じさす。フルトヴェングラーやクナッパーツブッシュらとは全くちがう。シューリヒトは逆にアレグロ、スケルツォに力点があり、これが普通の行き方だろう。ついでにいえば、この二人の楽譜には（ということは、彼らの世代の通念としては、という意味である）ソナタ形式的なスケルツォ部の展開にあたるというか、とにかく第一部がNで再現する前のKからの部分は、一度目立ってテンポをおとし、それから逐次アッチェレランドするような指定があったのだろうか？　カラヤンやシューリヒトたちには、そういうことはみられない。ややテンポが抑え気味になって、木管を美しくひびかすという程度である。それと、もうひとつ、クナッパーツブッシュは、このKの一〇小節前ほど上昇するチェロとコントラバスの音型をピッィカートで奏させ、さらにそのあと、同じ音型が第一と第二のヴァイオリンに移ると、そこでもピッィカートでつないでいって、さらにリタルダンドし、そうしてから入るというように工夫している。私は、その典拠を知らない。これはきいてよく耳につく彼独特のおもしろい扱いである。ただし、クナッパーツブッシュには細かい作為などは一切なく、楽譜に忠実にやりながら、あの深みと堂々たる風格を出すといった類の説が、正確を欠くことだけは、ここではっきりさせておく必要があろう。

トリオ Langsam（おそく）。こういう音楽では、カラヤンの特徴が、スケルツオが比較的平板だっただけに、よけい耳についてくる。

この、第二及び第六小節のそれぞれの第二拍にあたるd／cとges／fesの二つの音までのクレッシェンド、d及びgesにおかれたアクセント、それからその二音の間での音の弱まり具合、こういうところでは、カラヤンはオーケストラをまるでイタリアのテナーか何かのように歌わすことを知っている。もちろん第三小節の頭につけられた

79.

Zart（優しく）という表情記号に十二分に気をつけない指揮者はいない。ここは例外なしにだれだって《優しく》歌わすことしか考えない。それなのに、やっぱり違いは出てくるのである。しかし、カラヤンほどクレッシェンドとアクセントの組合せと区別をうまく使っている人はいない。特にシューリヒトは、ここでも驚くほど剛直で、不器用という印象さえ与える。

第一楽章と第二楽章の指揮をきいてくればその人が第三楽章をどう扱うかの想像はつくといってよい。カラヤンにとっては、ここはブルックナーの心の底であるとともに、曲全体の魂である。テンポはおそくはないにもかかわらず（省略のあるクナッパーツブッシュが二八分〇五秒を要しているのに、ハース版をそのまま再現しているカラヤンは二七分三八秒である。といっても、こういう音楽に単にトータルだけでおそいはやいをいうのは少し幼稚すぎる。テンポはこの音楽の流れのなかで、非常に変わってやまないのだから。しかし、一つの参考にはなるのも、一つの事実である）全体はたっぷりと抒情的であり、かつ劇的でもある。というのも、この楽章には、重要な柱になる箇所で、六の和音（第一転回）、それから特に

80.

四六の和音（第二転回）が何度も何度も出てくる。それがこの楽章の根本概念だったとさえ、いいたくなるほどである。その扱いは、この曲の演奏の眼目の一つになる。たとえば、つぎの箇所では、どこまでも高く高く上行してゆく旋律と《トリスタン》に由来するリズムを与えられた六の和音との間から生まれる緊張は輝かしさ、目もくらむばかりの熱情の高まり、さらにそれにいきなり接するbreit und wuchtig（幅広く、がっちり力強く）から *p*、*dim* とつづくコラールのような楽句との対照の豪胆さなどの点で、音楽史上類の少ない頁となっている。

　これは歌であり、また同時に和声の音色的潜在力の全面的な解放の現われである。カラヤンは、この楽章に頻出するこの力を再現するのに全能力をおしみなく発揮する。だからまた、四三小節から次の小節まで、音楽が変ホ調に移っていたのに、つぎの小節で突然ト調に入り、それから、またホ調で、この楽章のいわば第二主題にあたる旋律がチェロで出てくる部分。これも、ブルックナー特有の一度きけば、だれだって忘れられない転調の妙を遺憾なく発揮した箇所であって、大指揮者、名指揮者といわれるほどの人は、みなすばらしい演奏をきかせるが、カラヤンの張り切りも相当なものである。

しかし、カラヤンが、この楽章でとりわけ重要視しているのは主題が三度目に出現するときのスコアのO（一九六小節）以下fからの部分であり、また、それとそれ以前の部分との強烈な対照である。ブルックナーがリズムをとわざわざ書き加えたのは、もちろん、このあとしばらくヴァイオリンのパートが十六分音符が中心となるからだろうが、ここで音楽はまた一段と激しさと輝かしさを増す。それだけに、そこに全力を投入するとすれば、その間で（何しろこれはOからP、Qをへてやや静まりRに入るが、Sでまたしても大いに変わり小さな変化はあるものの結局Wつまりは二五七小節までという長大なクライマックスを作るのだから）、単にダイナミックスの対照としてだけでなく、音楽の充実という点からも、いくつかの曲折をはさんでおかないと、ただ力任せの強引な音楽になる危険が大きい。それが、私の推測するに、ハースがわざわざ一八八七年版からとってきて、二〇九～二一八小節とした理由だろう。前に書いたようにフルトヴェングラーが、ほかのときとちがってこの点ではハース版に従わず、カラヤンが終始ハース版によっているのは、このクライマックスを彼がどう考えるか——逆に、私たちからいえば彼の演奏をどう評価するかの、鍵だといってよい。

そして、私は、これを全面的に支持するというわけである。ということは、一八九〇年版によったショルティやシューリヒトの演奏は、全くちがう考えによるものという

81.

ことになる（この問題の箇所はスコアが複雑だし、さればといって簡単に書いてしまっては意味がなくなるから引用はしない）。

　このあとは、コーダが残る。カラヤンの考えは、第一ヴァイオリンの対位旋律を、ホルンによる第一主題のリズムの固守とほぼ同程度に重視するという行き方となっている。その結果は、また実に魅惑にみちた解決となっている。クナッパーツブッシュ、シューリヒトらも対位旋律は実によく歌わせている。が、この二人の場合は（オケがともにヴィーン・フィルであることも忘れてはなるまい）、いわばG線上で演奏する骨太の歌となっている。

　これに反してフルトヴェングラーは、ヴァイオリンの旋律は、いわば弱音器をかけた格好であくまで副次的な対位線と見、ホルンをあくまで正面に立てて考えている。こういう例に則していえば、カラヤンのは、以上両者の中間にある。

　第四楽章。この巨大な楽章については、前にクナッパーツブッシュとフルトヴェングラーを扱ったときに、少し詳しく述べた。カラヤンにとっても、この楽章は、巨大な問題をくぐりぬけたあとの、結論的楽章である。だが、彼は、どちらかといえば、クナッパーツブッシュやシューリヒトのような豪傑、英雄的な芸術家でもなければ、フルトヴェングラーのような精神的な哲学者でもない。もっと官能的でしかも優雅な魅力を、いつだって忘れることのない人である。

この終楽章の終りに至って、クライマックスにもってゆくまでのカラヤンには、以上の大家たちにはなかったイン・テンポの爽快さと切れ目の鋭さがある（六五一小節からの第一楽章第一主題の提示、Wwからの第二楽章のそれ、そうして最後に全楽章主題の綜合といった手順は、彼のは実に明瞭に整理されて出てくる）。それに、クライマックスそれ自体の壮麗さという点では、彼はだれにも劣らない。

だが、私の印象では、カラヤンにとって、この交響曲の最大の力点は第三楽章にあったように見える。彼の演奏する第四楽章は、むろん、巨大な結論ではあるが、それは先立つ楽章から自然に引き出されるもので、ここでまた一段高くよじのぼり、もう一つ英雄的な闘いをやったのちようやく手に入れたもののようには感じられない。それにしても、全曲をきき終わっていえるのは、この曲を演奏して、これほどの魅惑をひき出した人は、ほかにどこにもいなかっただろうということである。フルトヴェングラーの高さ、クナッパーツブッシュの深さ、シューリヒトの逞しさ、ヴァルターの人懐こいやさしさなどは、みなそれなりにかけがえのない美徳だけれども。

III

あと、一つだけ書き添えておくが、ショルティおよびシューリヒト盤では、前に書いたようにティンパニと弦のピツィカートに変えられた箇所があり、これは音楽をやや薄くしてはいるが、それまでの音楽とまるでちがっているので、きくものをハッとさせる、何か異様に近代的なものがある。暇があったら、きいてみることをおすすめする。またシューリヒトについては、充分書きつくせなかったが、彼の剛直ぶりは第一楽章冒頭から最後まで変わらない。たとえば、第一楽章のコーダに入っても別に弱くはならず、*pp*はほとんど強すぎるくらいである。この人もまた、並大抵では料理できない、実に手剛い音楽家である。

新しくて古いロシア人

ドヴォルジャーク『チェロ協奏曲』
ロストロポーヴィッチ独奏／カラヤン指揮
ベルリン・フィルハーモニー管弦楽団

今回は実は別のレコードをとりあげるつもりでいた。ところが、このレコードが手許に届いたので、何気なくきいてみた。きいて、あまりの見事さに驚いて、急に予定を変えることにした。

ただ、見事というにつきる。ほかに書くこともないようなものである。

1

何週間か前、ベルリンの知人から手紙が届いた。この人は、もとはかなり知られたバレリーナで、現役を退いてからは、東ベルリンだとかハンブルクだとかオーストリアのグラーツだとかのオペラ劇場でバレェの振りつけや監督をしていたこともあるロシア系のドイツ人である。実に正直で思うことをまっすぐ力強く話す人であり、音楽にもすごく敏感なので、私は、会っている間はもちろん、会ったあとの後味のよさを楽しまないことはない。

で、その人が書いてきた、彼女独特のドイツ語を日本語に直すのはむずかしいから大意だけ書けば、この秋のベルリンの芸術祭では、「音楽会は一つだけきいた。カラヤン指揮のベルリン・フィルの演奏会。カラヤンの少し冷たい気取ったベートーヴェンの『第八交響曲』のあと、ロストロポーヴィッチとのドヴォルジャークのチェロ協奏曲があり、これはただもう息をするのも忘れるくらいの名演だった。ロストロポーヴィッチが凶暴な陶酔の中で、ときに猛り狂い、ときに優しく、彼の楽器から、ひき出してくるものには驚くほかない。それに両人の息のぴったり合ったこと、これほどのは長い間にただ一度といってよい。曲が終わった時、二人は、まったくなんの芝居気もなしに（あのカラヤンが！）、ひしと抱きあったし、聴衆は完全に魅了されて、嵐のような拍手を浴びせました。それはとても良い気持でした……」。

この手紙のこと、しばらく忘れていたが、このレコードをきいた途端に思い出したわけである。ただし手紙は今年の九月のものだし、このレコードは一九六八年九月、つまり一年前に録音された。

カラヤンとロストロポーヴィッチといえば、これも、秋にベルリンに旅行した私の知人からきいた話だが――こちらは日本人――あるとき用事でカラヤンにどうしても会わなければならぬというので、ちょうど録音の行なわれているベルリンのイエズス教会に人につれられていった。録音に一休みあって出てきたカラヤンは、とても常人とは思えない興奮ぶりで、そこにいた人びとになんだか大声で喚いたなり、さっさとスタジオに戻っていってしまった。この知人はドイツ語がわからないので、そばの人にきいてみると、その日は、オイストラフ、リヒテル、ロストロポーヴィッチと、ソ連の三巨匠を相手に、ベートーヴェンの『三重協奏曲』を録音している最中なのだが、ソリストと彼との意見がどうしてもあわず、いつまでもかんかんがくがく、はたのものもただはらはらするだけで、手のつけようがないという有様だった。「いや、もう用件どころじゃない。散々でした。なんでも、ロストロポーヴィッチだけが中に入って、話をまとめようとするらしいのですがね」と、彼は、私に話していた。こんな話を、いつまでも書いていても仕方のないようなものだが、しかし、カラヤンとロストロポーヴィッチの間には、話の通じるものがあることは、わかるだろう。

2

それを、このレコードも証拠だてる。

ソ連の三人の大演奏家を簡単に性格づければ、オイストラフ――もちろん父親のダヴィドのほうである――はロマンティックなタイプ。ブラームスの協奏曲が一番うまい。ゆったりしたテンポで、油気がたっぷりして、悠揚せまらず、歌い上げる。リヒテルは、型破りの天才で、ときどき音楽に暴力を加え、スタイルも何も無視した演奏をしたり、逆にまるで気のない弾き方もするけれど、凄味のある演奏という点では、少なくともほかにくらべるもののない、デモニアックなピアニストである。ロストロポーヴィッチは、その中で、いちばん均衡のとれた音楽家だろう。技術という点でも、カザルス以来の近代チェロ奏者の最尖端にいる人だし、感情の起伏も大きく、チェロで歌わすとなったら、これほど力強く歌わす人もなかろうし、またダイナミックの幅もとてつもなく広いが、逆に非常に細かいところまでゆきとどいた神経をもっている。そういうものはみんな揃っているのだが、そのうえにもう一つ、鋭い知性がある。この人は、あるところまでは、手放しで音楽をやらない。すべてが厳しい意識の統制のもとにある。そういうわけで、この人の演奏には音楽を完全にひききらずに終わるというところがない。ところがそれを越えると、すごく激して、手のつけようがなくなるみたい。

演奏ばかりでなく、ソ連の代表的ヴィルトゥオーゾの中で、この人ぐらい、新しい音楽も入れて、さまざまのタイプの音楽をよく理解している人は、ほかにいないのではないか。チェロというのは残念ながら、ピアノはもちろん、ヴァイオリンにくらべても狭いものだが、その中では彼のレパートリーは広い。これは何もあれこれの曲をあげてみなくとも、ハイドンの『ハ長調協奏曲』とベンジャミン・ブリテンの『協奏交響曲』を組み合わせた不滅の名盤一枚をきいてもよくわかる。古典的な考え方から新しい音楽の感受性にいたるまで、およそチェロで表現しうるすべてがそこに十二分に明白に表わされている。

それでも、私は、これまできいた彼の演奏――実演と数枚かのレコードの両方から――をきいてみて、ベートーヴェンやブラームスたちより、むしろプロコフィエフ、ショスタコーヴィッチといった音楽のほうが本当に素晴らしいものと信じていた。ドイツ音楽も、もちろん、現代最高の名手のものと納得はできるのだが、一分の隙もなく、完全に板についたものは、ソ連の現代音楽なのである。それは、内容はちがうが、ちょっとカラヤンとも共通する。カラヤンも、バッハ、ベートーヴェン（『第九』は別だけれど）より、ブルックナー、R・シュトラウス、ヴァーグナーのほうがはるかにかけがえのない本物になっている。

そう考えていた私も、このドヴォルジャークには、脱帽する。これは稀代の名演という以外に、私のロストロポーヴィッチ観をもう一つ進めてくれる。

3

ロストロポーヴィッチも畢竟するに、ロシア人である。それも新しくて古いロシア人である。新しいところは、ソ連の科学技術が示している、あのものすごい性能主義的な点。古い点では、ほとんどミスティッシュといってもよいような心の深いところまで届く不思議な感触をもっている点。そこでは、彼の尖鋭きわまる知性の統御も、もう、とどかない。さっき引用したベルリンの知人のいわゆる《凶暴な陶酔》の強さと層の厚さ。

ドヴォルジャークの協奏曲でいうと、第一楽章をきいて、私たちは第二主題をひくチェロの歌に、本当にカザルス以来のたっぷりした歌をきき、それに酔う。こういうのをきいていると、私のような人間でも、演奏も本当の核心までゆくと、古い新しいの別があるだろうか？　と、一瞬考えてしまうのだが、しかし、そのあと、音楽が前へ前へと進み出すと、やはり現代の演奏は、かつてのヴィルトゥオーゾの自己陶酔的なものとはまったくちがう、もっと技術的にも論理的にも厳しく、完璧主義的なものだと考え直す。だが、すごいのはそのあとで、展開部に入ったところ、音楽がちょっとシューマンの協奏曲を思い出させるような暗い影の中に身をひたす個所である。これは、いわば完全に意識が目覚めているのに見る夢のようなものである。私は、ときどき、ひそかに、思うのだが、プラトンは、「人間の認識とは洞窟の中にすわって、その壁に映る影をみているようなものだ、本当のイデアを知るとは、そういうものではない」といったが、彼は比喩でもなんでもなく、自分の経験を正確に語っていたのだろうが、もし私たちが追体験するとすれば、それはこういう音楽をきく時ではなかろうか？　こんなこと、気恥ずかしくて、これまで書くまいとしてきたのが、このレコードをきいて、つい、書く気になった。そうとでもいうほかないからである。

第二楽章の美しさも言語に絶する。ここで特におもしろいのは、ドヴォルジャークがチェロの協奏曲を書くに当たって、チェロと対話したり、重ねたりするのに、心して木管を重視した点で、この演奏ではそのことが、ただわかるというだけでなくて、生き生きときこえてきて、私たちを納得さし、喜びでみたすのである。このフリュートは、たぶんツェーラーが吹いているのだろうが、その響きの美しいこと。またクラリネットもオーボエも、ベルリン・フィルの名手たちが腕によりをかけて、一世一代の名演をきかせ、チェロと競いあい共鳴しあう。それは、愛しあい、語りあうといってもよいくらいで音楽的にきちんと意味があって、しかも完全に合体している。

この演奏については、またカラヤンを筆頭に、オーケストラへのオマージュが書かれなければならない。これはレコードの聴き手の勝手な感想ではないはずで、あとで出てくるチェロのカデンツァは、名人芸であると同時に、指揮者と交響楽団へのしみじみとした讃辞と感謝のようにきこえるからである。

第三楽章のアレグロ・モデラート。これも第一楽章同様、そうして、モデラートであるだけにさらにゆったりと幅広くはじめられる。よくきかれるような、やや、ヒステリックな調べではなしに。

しかし、音楽は、平静でありつづけるのを許さない。チェロもオーケストラも、大きく揺れだす、だからといって乱れはしないが。ロストロポーヴィッチが、ここできかせる高いポジションの音も見事で、あたりのヴァイオリンの歌も、そのチェロの前には蒼ざめてきこえるほどである。

この曲には、いわゆる精神的な深みはあまりない。音楽は、どちらかといえば、思うことのすべてをぶちまけ、あからさまに声高に語ったり歌ったりする。それなのに、きいたあとの興奮が少しさめたあとでくる、静かな落ちつきはどこからきたのだろう？　これこそ美と呼んでもよいものだろうか。

とにかく、レコードを所有するのなら、この一枚は絶対不可欠のものに属する。

4

このレコードには、もう一曲、チャイコフスキーの『ロココ風の主題による変奏曲』が入っている。普通よくある通りのフィッツェンハーゲン版による演奏である。

これもおもしろい。曲が曲だけに、ドヴォルジャークより、ずっと細かく分析的にきくことを許し、またそういう気持に誘う演奏であるが、これを注意深くきいていると、ロストロポーヴィッチというヴィルトゥオーゾが、いかにたくさんのチェロに関する技術をマスターしていて、やろう思えば、まだまだ、いろいろなことがやれるのに、それをおさえて、空虚な効果を排し、正しい場所でしか使うまいと堅く決意している大音楽家であるかがよくわかる。

二部からなる主題の、その前半も後半もくり返すのだが、それをできるだけ注意深くきいてみることをおすすめする。前半の第二部での表情づけが、ほんの少しクレッシェンドするだけでどんなに変わってしまうことか。それを最初にやらないのはなぜか？　一般に、名人の品格、気品といわれているものはなんであるか、そういったことが、ここにはっきりつかめる演奏になっている。この前半にくらべると主題の後半はややぎこちない。なぜか、私にはわからない。作品にも、多少責任があるのかもしれないし、こういうやや感傷的な小品的な味わいをもつ音楽になると、ロストロポーヴィッチはかえってやや神経質になってしまうのであろうか？

第二変奏の、独奏とオーケストラの水ももらさぬうけ渡しの戯れは、カラヤンとロストロポーヴィッチの間で本当にぴったり呼吸があっていて、これならばサーカスのあのやたら高いところでの綱渡りや跳躍の曲芸をやっても失敗することはあるまいと思われるほどである。第四、第五の変奏に進むと、ロストロポーヴィッチの演奏の意識的で統御の手綱の強くひきしめられた点と、名人芸的な魅惑とか魔術とかの発散との交錯が非常におもしろい。不思議な人である。先のサーカスの曲芸の比喩をつづければ、ここでは曲乗りの名手が、二本の手で人間業とも思えぬ回転をやったり、両手をまったく放して、宙をゆくような跳躍をやったり、それを交互にくり返すようなものである。いや、こういう記述は、演奏の見事さにくらべればわずらわしすぎる。

私はこの曲、別に好きでもないが、こういう艶麗にして巧緻なる演奏できかされると、嘆賞するほかない。

カラヤンのプッチーニ

オペラにおけるオーケストラの重要性

I

レコードで、イタリア・オペラの全曲をきいたのは、こんどがはじめてだろう。もともと、あんまり長い曲をレコードできくのは、私は、好きではなかった。一枚、二枚まではよいけれども、三枚、四枚となると辛くなる。まして、五枚はもういけない。ありがたいことに、たいていの音楽はそんなに長く書かれていない。長いのは、何といってもオペラ、楽劇の類いである。あれはやっぱり、何幕かにわかれていて、中間に休みがはさまり、息ぬきができるようにできているのと、それから舞台の上で人間たちが出たり入ったり、そのほかいろいろと視覚も楽しませるようになっているからである。逆にいえば、音楽にだけ専心せずにすむよう、ほかのことにも適当に気を散らしながら、時間をかせぐように工夫してあるからである。

レコードでは、そういうものがない。私たちはそれにとりまかれ、その中で生きてきている日常生活の空間の中で、レコードをきいているのだから、何かが目に入れば、それは生活的意味をもってしまう。つまり、「壁のあのへんはよごれているな」とか、「おや、本棚のあすこのところにある本は何だったっけ？」とか、「そうだ、あすこに並んでいる手紙類に返事を出さなければ」とか、その他、その他。そういうことは、同じく音楽から気を散らすにしても、劇場内でのそれと違う。

それでも、私は、何かの調子で、年に一度ぐらいは、オペラをきくことがある。ただし、そういう時は、モーツァルトが主だ。モーツァルトでは、音楽が具合よくきれていて、いわゆる番号づきアリアを中心に、それをレチタティーヴォでつないでいるというのがありがたい。オペラも音楽でべったり塗りつぶし、合間合間に息を入れることを拒絶するというようなことを考えたのは、十九世紀になってからで、十八世紀の人々には芸術と生きることとの間に、もっと人間的な均衡があったのである。芸術が人生の中に入りこんで、人生を喰いつぶし、人生より芸術のほうが重要なものだと主張しだしたのは、十九世紀になってからのことである。

「だからヴァーグナーが正しくなかった」というのではない。十九世紀には、実際生活にあきあきせざるを得ないような事情が発生したに違いないのだ。

「生きる？　君は朝おきてめしを食い、服をきかえ、仕事場にゆき、一日の大半をそこでの灰色の仕事に追われてすごし、夕方疲れきって帰宅し、毎日同じ家族の顔と部屋をみる。それが、そんなにうれしいことかね？」

「せめて、芸術を！　芸術の中には、君の中に眠っていて、現実のものとなる機会もなしに消えてゆく運命にある、ある可能性、よりよき人生、より美しい世界へのアプローチがある。君の人生を、より豊かなものにするために、芸術を！　この呪われた日常からせめて、しばしなりと離脱して、より美しい刻をもつために、芸術を！」

そういう発想が、私の中にもまったくないわけでもない。オペラにはいかないが、レコードをきこうというとき、現実から離れたところにいこうという願いがまったくないといったら嘘だろう。

しかし、私は、どちらかというと、今自分が生きている、その空間を、芸術によっておきかえようという欲求で、芸術に近づくという人間ではない。

そうではなくて、今生きているその生き方と芸術とがひとつであるようなのが望みであり、「生活か芸術か」の二者択一をせまってくるような、そういう考え方は、私のいちばん身近なものではない。

だが、私はまた、だからといって、自分の今の生活そのものを、何でもかんでも、そのままで芸術にしてしまいたいという、そういう人生芸術派ではない。

どこからどこまで欠点のない美術趣味で埋めつくした部屋の中で生きたいという、そういう「美的人生」に憧れているわけでもなければ、逆に、自分の送っている人生にべったりのところで、それがそのままで芸術なのだと主張したくなるような自然主義的芸術派でもない。

このどちらも困る。

そうして、私の考えでは十九世紀の芸術には、このどちらかでありすぎるものが、少し多すぎて、なじめないところがある。「芸術と人生」とのかかわりあいの仕方という点で、私の肌に合わないところがあるのである。

このごろ、よく考えるのだが、私が音楽が好きなのは、この点で、音楽が文学、特に小説と違うのが、私にはありがたいのだ。

ところが、十九世紀の音楽の中には、オペラというものがあり、それは、いまいった芸術が人生とかかわりあう点でいちばん文学に近いものをもっている。しかも、その文学の中でも、特にあんまり質の高くないものにかかわりあうのが好きな面をもっている。あるいは《ファウスト》とか何とかあんまり「大文学」を種にして、その最も通俗的な面をたよりに、人生に近づこうとしている気配が濃厚である。

イタリア・オペラの大半が、そうだ。それが私を閉口さす。

《椿姫》の悲しみ、《ラ・トスカ》の歌姫の英雄的誠実さ。《イ・パリアッチ》《カヴアレリア・ルスティカーナ》……

《ラ・ボエーム》に出てくる詩人や哲学者や画家たち。あの人たちが本当に詩を書き、絵を描いているとしたら——それはどんな詩であり、絵だったろう？

私の考え方を、ざっと書くとこんなふうになる。

II

それが、この間、レコードで、イタリア・オペラをきき通した。おまけに短い間に二曲。

機縁は、去年の暮近く、必要があって《オテロ》をちょっとかけてみたことにある。よかった！ はじめから、実によい音がするのである。鋭くひきしまっていて、表現的で、しかも美しい。

もともと、イタリア・オペラといっても、私は喜劇は割に好きだった。特に《ファルスタッフ》は、私の最も愛するオペラに属する。それからロッシーニのもの。たとえば《シンデレラ》。ドニゼッティのもの。あれは何といったっけ、いつかタリアヴィーニが来て、大阪で歌った曲。きかせる歌はたった一つしかないのに、結構、一時間あまりをもたせるのに成功した、とんでもないずるくて、巧妙なくろうと芸のオペれなくなる。こういうのは、同じ泣かせるのでも、泣きながら、その泣く自分を笑わずにいられなくなる。

《オテロ》を喜劇と呼んだら、たいていの人に叱られるだろうが、しかし、元来はあの劇には——シェークスピアの真の傑作がすべて例外なくそうであるように——悲劇であって喜劇であるその根本のもの、つまり人間の魂のいちばん深いところにあるものから、まっすぐに出てきた表現なのであって、そこではちょうど《ヴェニスの商人》がユダヤ人シャイロックの悲劇であると同じくらい、みんなの笑わずにいられない何かを率直明快に出した劇であるように、オテロのムーア人の悲劇、ムーア人を恋した女の悲劇であると同時に、人間の嫉妬という、これ以上滑稽でバカバカしいものはあり得ないところの情熱の爆発を機縁とする喜劇なのだ。

理屈はともあれ、私はこのオペラは昔から好きだった。しかしレコードできいたのは、これがはじめて。あんまりひきしまって良い音なのでついひきずられた。

カラヤンが指揮するベルリン・フィルハーモニーの演奏だった。

それでも正直いうと、私は、全曲はきき通せなかった。はじめをきき、途中あちこちカットし、そうして最後の面をきくのが精一杯だった。

そうやって、とても楽しんだ。

それが頭にあったものだから、いつかはまたイタリア・オペラのレコードをきいてもみるかなと思っていたのである。

そこへ、どういう風の吹きまわしか、何曲かのレコードが、相前後して届いた。《アイーダ》、《ラ・ボエーム》、そうして《マダム・バタフライ》。最初のがムーティの指揮。あと二つはカラヤンである。

ムーティは、先日NHKの招待で来日したヴィーン・フィルハーモニー管弦楽団の指揮できいた。悪くはないけれども、特別にひきつけられもしなかった。オペラなら交響管弦楽とは違ったものをみせるだろうと想像されるけれども、あの演奏会のあと特に、オペラできき直すという気力は、私には出なかった。専門の批評家の評判はよいようだから、いつかはきいてみる気になるかも知れないが、それはよほどあとのことだろう。それに、私は《アイーダ》は、これまで舞台でずいぶんくりかえし経験してきた。当分はそれで充分だ。

そんなわけで、私は《ラ・ボエーム》をきくことにした。

アルバムをあけてみて驚いた。何とアルバムの中にはたった二枚しか入っていないのである。《ラ・ボエーム》の音楽は、こんなに短かったのか！

私の無知に、読者諸氏は、さぞあきれたことだろう。だが、私とすれば、たった二枚の音楽だとすれば、今まで私はどうして、このオペラをきいていて、あんなに退屈したのだろう？と、もう一度、考えてしまった。

長いからではない。「長く思ったにすぎない」のである。

では、なぜ長く感じたのか？

私は、針をおろした。

短い序奏のきれいなこと！　これはすでに《オテロ》で経験ずみだから、あの時ほど驚かないが、私としては、かつてイタリア・オペラの実演でこんなにきれいに整ったオーケストラをきいたことがないので何度きいても、気持がよい。いつもこんなにきちっと合った、そうして磨きのかかった演奏できかせてくれるのだったら、私のオペラに対する考えは、かなり変わっていたろう。

人々が退場してゆくとき、オーケストラのデクレッシェンドの微妙な移りゆきも、何ともいえず快い。*pp*のほのかな余韻の艶のあること。それに、歌手たちの短い言葉の受け渡しのきちっと正確なこと。まるで、器楽のようである。これも、もし、オペラでいつもこうなっていたら、どんなに私を夢中にさせてきたことだろう！

私はロドルフォが「書いた詩とは、一体どんなものだろう？」と書いたが、このレコードできかれるロドルフォは、ほかはどんなであれ非常に音楽的で敏感な人間であることは確かだ。いや、絵かきのマルチェルロまでが、とても良い音楽家である。それにコリーヌのりっぱな声とそれに劣らぬ表情づけの的確さ。こういう人たちの言葉のやりとりをきくのは楽しい。たとえ、その内容がどんなに型通りの貧乏芸術家のそれであり、陳腐なものであっても……

ミミが登場する。

ロドルフォとのやりとり。

せっかくもらった火が消えて、おとした鍵を手探りでさがす二人の手がふれる。《Ah!》ただし、ここでは卜書にあるような叫びでなくてかすかな溜息でしかない。一瞬、私は、「おやっ、これはミミでなくて、メリザンドだったかしら？」と思う。

いよいよ、ミミの最初のアリアの始まり。そのすばらしさ。ゆったりと、おそめのテンポはカラヤンの好みに相違ないのだが、歌手のレガートの絶妙さと相まって、私は、ここで、このオペラがはじまって以来、最初の音楽的盛り上がりを経験する。

ミレルラ・フレーニというソプラノだそうだが、何という見事な声だろう。ｒの発声の鋭さ。

che parlano dámor, di primavere ;
che parlano di sogni e di chimere
quelle cose che han nome poesia

このあたりから以後、後半にかけての盛り上り。それは、少々、リヒャルト・シュトラウスのオペラを連想さすけれども、それがこの場面に、かつて味わったことのない音楽の密度の高さを啓示する。少なくとも、私には。

それにしても、何たるテクストだろう。こうしてゆっくり歌われると、私もついてゆけるけれど、《私は好きなの、愛と青春を語るもの、愛と幻想を語るもの、詩という名をもっているものが》といった話を、ロドルフォは、もし彼が真の詩人だとしたら、どんな顔をして、どんな気持できいていたのだろうか？

それと、音楽も時々、あんまり業々しすぎる。第三幕でロドルフォが、はじめは自分を偽わり、わざとミミの悪口をいっていたのを、あとでやめ、世界の何ものにもましてミミを愛していると告白する。その歌の業々しさ。こうでなければイタリア・オペラではないわけだが、私は、はじめのミミのあの溜め息の微妙にひきつけられただけに、このロドルフォの大げさな身ぶりに閉口してしまう。これは私のきき方が悪いのだろうか？　多分そうだろう。

しかし、もしかしたら、このロドルフォ、ルチアーノ・パヴァロッティが私に合わないせいだろうか？

というものも、このあとミミが立ちぎきしている間のオーケストラの旋律のたっぷりした表情。それから別れる決心をしようと苦しむミミの歌の、これまた、充分以上にゆったりしたテンポ。こういうものは、カラヤンのテンポか、あるいはフレーニのそれか私には、正確に判断はつかないのだが、こういう具合に音楽をきかされていると、私にもテクストがあまり気にならなくなるのである。

ただ、これに続いて、マルチェルロとムゼッタの口論がまざって、四重唱になるとき、ミミとロドルフォの組の声のほうがずっと正面に大きく出ていて、完全にバランスのとれた四重唱とはならない。劇の筋からいえばこうでなければならないのかも知れないが、私は、やっぱり、四重唱らしくきこえるほうが好きだ。

第四幕。いよいよ大詰めであり、悲劇はここで完結する。カラヤンは管弦楽に*ff*を命じ、強大なクレッシェンドを伴う、壮大なダイナミックの抛物線を描かせる。

私はこんなにりっぱな《ラ・ボエーム》はきいたことがない。これだけをきいているると、カラヤンという人には、こういう音楽が最も適しているのではないかという気がしてくる（ロンドンSLC七一九一〜二）。

III

こうは書いても、私は《ラ・ボエーム》を一度にきき通すことはできなかったのである。最初の二幕をきいて、数日はさんで、のこりをきいた。きれいに違いないが、甘すぎて胸にもたれるのである。

もう一曲をきく勇気が出てくるまでには、さらに何日かの休みが必要だった。

だがつぎにきいた《マダム・バタフライ》は《ラ・ボエーム》より、また、一段と立ち優っていた。

いや、私は、今度はじめて、《マダム・バタフライ》のほうが《ラ・ボエーム》より後の作品であること、作曲家プッチーニは、この間に、大きく成長し発展したことを知ったのだった。

私はこれまで、プッチーニの諸作がどんな順に書かれたかについて、単に無知だっただけでなく、そういうことを意識させられる機会ももったことがなかった。

プッチーニは、いつも、プッチーニだった。だが、今度のように相前後してこの二つの人情悲劇をきく経験をしてみると、この十九世紀のイタリアの生んだ天才が、いつも同じところにいたわけでないのが歴然としてくる。《ラ・ボエーム》にくらべ《マダム・バタフライ》は格段の進歩をみせているのである。和声の上でも、オーケストレーションの上でも、そうして、劇的なシチュエーションを簡単なオーケストラの間奏で彩る、その手腕の上でも、そうして人物を造型する旋律の発明の上でも繊細さと力強さ、敏感さと華麗さ、簡潔さと集中力、こういった点で、《マダム・バタフライ》は、ずっとおもしろく、そうして真実の芸術になっている。

《ラ・ボエーム》が芸術ではないというのではない。それどころか、私はこれまでどちらかといえばこのほうがよくできていると思っていた。しかし、そうではないようだ。

《バタフライ》は、私たち日本人には、何とも照れ臭く、好きでも嫌いでもないという中立的な気持では接しにくい作品である。第一に、話の筋がそうだし、中に出てくる日本の古い音楽が、あんまり趣味のよくない使い方をされているのにも閉口する。だが、そんなことを越えて、私には、これが世界中で愛されているのは「音楽の劇」としての芸術の力によるので、そうして、それはとりも直さず、この音楽の中にある高さと真実によるのだと、納得がいくのである。

カラヤンとヴィーン・フィルの演奏も良い。とても良い。前にもふれたプッチーニにみられる和声と管弦楽法の妙趣が、この人たちの名演奏によって、音の艶といい、表現の力強さと微妙さといい、そのすべてにおいて、これほどまでに遺憾なく表現されたのは、例のないことではないだろうか。

何しろ私は、これまでイタリア・オペラのレコードはきいてこなかったのだから間違っているかも知れない。しかし、それでも私は、いくつかの国の、いくつかのオペラ劇場で、この曲をきいてきた。ワルシャワできいたこともある。だが、こんなにすばらしい演奏は、かつてきいたことがないだけでなく、この曲に想像したこともなかった。

劇が次第に終りに近づき、バタフライが気まずそうな表情で顔をそむけるまわりの人々の様子から、次第にことの真相に気づきはじめるあたりから私は、もう、この劇が終りに近づくのが惜しくなった。そうして、ついに終わってしまったとき、私は、できることなら、このまま、ヴィーンにいって国立オペラの舞台で、これを実際にききたくなった。こんな経験ははじめてである。

開幕の鋭くて力強いつっこみを見せる管弦楽の短い序奏以下、ちょっとヘンツェの《ナポリの歌》を思い出すゴローの《親戚を数えたてる歌》。あるいはスズキのおしゃべり。それから特に美しいのはバタフライの登場のシーン。

彼女が大勢の友だちといっしょにまるで小鳥の一群のように、声をかわしながら、丘をあがって、近づいてくるとき、この遠い夢のような歌のやりとりは、プッチーニという大作曲家が、彼の魂の本当の奥に潜んでいたどんな夢をこの作品に託して表現しようとしたか、いや、それにどんなに見事に成功したかを、はっきり教えてくれる。

土台、この第一幕は、まるでギリシア悲劇の開幕みたいに壮大で暗いかげをもって演奏されている。こういう例は、ほかにあるのだろうか？　バタフライとピンカートンの結婚は、もともと嘘と気まぐれから生まれたものでしかないのだが、それが蝶々さんの愛が本当のものとなったことによって、悲劇になる。劇が成立するか否かは、蝶々さんがどんな人物であるかにかかっている。それだけに、彼女の登場とそのあとのピンカートンとの結婚の時の彼女の受けとめ方——というのもピンカートンには、これは一場の気まぐれであり茶番でしかないのは最初からはっきりしているのだから——がどう表現されるかで劇の全意義は決定づけられる以上、この場が陽気な茶番、ないしは、ただただ見せかけだけのきれいな結婚式の情景になってしまうか、それとも何か真実で真剣なものになるか。演奏は——演出は——劇の全体をピンカートンの側からみたものにするか、あるいは蝶々さんの側からのものにするか、最初からはっきりしていなければならない。

そういう演奏にぶつかったのは、私は、これが最初である。この結婚式は、夢のように美しく、しかもそこには重い暗いもののかげが背後からすけてみえる。このレコードをきいて私は、その暗いものを感じないではいられない。

悲劇への伏線は、単に蝶々さんがピンカートンに彼女の出身、生い立ちを語る時にだけ、敷かれているのではない。

また、それは、《Viene la sera（夕方がやって来た）》《E l'ombra e la quiete（それから暗い影と静けさが）》《E sei qui sola（それから君はひとりぼっち）》《Sola e rinnegata! Rinnegata……e felice!（ひとりぼっちで見捨てられ！ 見捨てられ……でも幸せ！）》の問答の中に感じられるだけではない。

たしかに、こういう箇所の歌のやりとりはあんまり美しくて、それだけで悲しくなるような性質のものである。それだけの音楽が、ここには書かれている。

だが、まだ、それだけだったら、この悲劇はピンカートンの気持の変りようでどうにか救えないまでも、和らげる余地があったかも知れない。

ところが音楽は、このあとまだ、もっと絶対的なところまで、高くのぼってゆく。《Vogliatemi bene, un bene picolino. Un bene da bambino, quale a me si conviene, Noi siamo gente avvezza alle piccole cose umili e silenziose, ad una tenerezza sfiorante e pur profonda come il ciel, come l'onda del mare（かわいがって下さいね。赤ん坊のように、わたしにふさわしい幸せを、わたしたちは慎しく、ひっそりと、ごく地味に暮らす人柄です。そうして大空のように軽くて、大河の波のように深いやさしさがほしいの）》この歌の美しさは言語に絶する。

それは、バタフライひとりの願いであるというより、おそらく、あらゆる女性の望みの中核を言い当てているものだ。

カラヤンの演奏、フレーニの歌は、ここでほとんど完璧だ。

あと、第二幕の——

これだけの第一幕のあと、第二幕の第一場と第二場がどんな出来栄えか、きかなくても想像がつくというものだし、事実出来栄えはそれを裏切らない。

ピンカートンの帰還を信じないスズキと、それを信じていると主張するだけでは気がすまないバタフライの問答のあとではじまる、あの《ある晴れた日に》のアリアは歌う当人にとってさえ、信念ではなくて、遠くてはかない望みでしかないことを象徴しているような*pp*ではじまる。このあと入港する軍艦の礼砲をきいたあとで彼女がスズキと、ある限りの花を庭からとってきて、部屋中まきちらしながら歌う時も、彼女はほとんど自分を信じていないのではないかと思わせるほどの、底に悲しさを秘めた声で、喜びの歌を歌う。このあたりの演奏は、すでにあまりにも有名で今となっては映画音楽じみた通俗性なしで演奏するのがほとんど不可能になってしまった幕切れのハミングの歌わせ方とともに、劇の効果の上の要求と、俗っぽい感傷におちこまないという両立しがたい問題を解決した見事な例といってよいだろう。この劇の結末まで、この調子で続けるまでもないだろう。私は、このオペラ全曲のレコードがたった三枚でしかないのに、やや驚いたところだった。

IV

どうやら、カラヤンには、プッチーニのオペラは、よほど性のあった音楽であるらしい。このうまさは普通ではない。《ラ・ボエーム》をきいているとき、私はそれに気がついた。しかし《マダム・バタフライ》をきき終わって、私は、彼のこのうまさというものが、どういう性質の芸術か、もうひとつ先がわかったような気がする。それは、カラヤンが、オペラの話の筋に合わせるのでなくて、プッチーニの音楽のスタイルに忠実な指揮をしていることからくるのである。ここにきこえるのは、重点は歌手の妙技に任せて、指揮者はあとを適当にとりまとめてゆくというタイプの指揮でないだけでなく、感傷と情念に重点をおいたそれでもない。

プッチーニの音楽のスタイルにできるだけ純粋に忠実であろうと心がけた指揮なのである。

このレコードをきいていると、私が最初にふれた管弦楽の短い序奏だけでなく、歌と歌の間、ないしは情趣のその時々の変転、変換の間にはさまれた器楽の間奏が並々ならぬ鮮かさできこえてくるのが耳につく。ごく数小節の器楽の部分が実に冴えた音楽をやるのである。

それにくらべると、器楽だけの部分、特にそのいちばん長いのが、第二幕の前奏だろうが、これはあんまりおもしろくきこえない。前の幕が、月の光をあびて障子の前に立ちつくすバタフライのシルエットとハミングで終わったあとそれをうけて、次第に明けてゆく朝を迎える場の音楽としてはじまるわけだが、長いわりに、何ともいえず、中途半端な性格で終始し、一晩をまんじりともせず待ちつくした人の暗い失望と重苦しい疲労の表現でもなければ来るべき悲劇の予告と受けとるのもむずかしい。こういうところを、何の細工もせず、その音楽的な内容に従って、そのまま提出するのは、芝居っ気のある指揮者なら避けたいところであろう。ところがカラヤンは、このレコードでは、ちっともおもしろくならないのである。ただ中性的で灰色の音楽に終わってしまう。これは、指揮者が音楽の中に情緒、感情をつけ加えて演奏していないからである。

情緒は、音楽から生まれてくるのであってその逆ではない。そうして、この《マダム・バタフライ》を作曲している当時のプッチーニは、その点で、匹敵するものの少ないほどの大家の域に達していたのである。これは、《ラ・ボエーム》のそれとくらべてみても、わかる。あのオペラに、特性的な器楽の部分がないというのではない。たとえば第三幕のはじまり、オルレアン街道につながるパリの城門と関税吏たちの詰所を前に、冬の厳しい寒さの夜明けの音楽のきこえるところ。あれは、ヨーロッパの冬のやりきれない寒気と重苦しい曇り空を、一度でも味わったものには、すぐにぴんとくる音楽である。ここのプッチーニは印象派の画家たちに少しも劣らない雰囲気描写の名手となっている。

しかし蝶々さんが一晩立ちつくしていた長崎の港を見下ろす丘の家にやってくる朝の光は、まるで別のものだ。それは、いわば、仮面をかぶった朝でしかない。その裏にはどんなものが隠され、これから、そこから何が生まれてくるのかは誰にもわからない。ただ、音楽が鳴っているだけである。

カラヤンは、そこに、何の色もつけようとしない。

そのほか、オペラを通じ、バタフライのアリアもピンカートンの歌も、その他の人人のそれも、みんな、プッチーニの隈どった線の中で動いている。ただしその線のスタイルに対する忠実度の高さは非常なものだ。そうしてスタイルの純潔が、音楽から劇をつくりだす。カラヤンはプッチーニの音楽を完全に信頼している。彼が手を加えたかも知れぬ唯一のものは、多くの声の交錯し重なり合うところでは、それらの声に、いわば遠近法上の秩序を与え、ある声は遠くに、ある声は近くに、ある声は位置を動かすといった整理をしている点だろう。

私がさきにふれたバタフライと彼女の友だちたちとの声の交錯はその一例であり、最終の場でのピンカートンとシャープレスとのやりとりの場がその別の例である。

鈍感なエゴイストのピンカートンがやっと自分のしたことの残酷さに気がつき、正直に、しかし真実に後悔しだすとき、シャープレスは、では君は行きたまえ、彼女はひとりでだってこの悲しい真実を悟るだろう（君からいわれなくったって）(Anddte: il triste vero da sola apprenderà) という。その前後、間奏はまるでヴァーグナーの音楽のような荘重な色彩を帯びるのだが、それについて、この真面目人間の手本のような、退屈で無力なアメリカ合衆国領事閣下の声は、一段と威厳を加える（これをきいて、私などはじめて、ロバート・カーンズとかいうバリトンの存在を頭に入れる気になった）。

ピンカートンのあの有名な、あまりにも有名な《さようなら、花咲くかくれ家、喜びと愛のかくれ家、喜びと愛のかくれ家（Addio, fiorito asil, di letizia e d'amor）》がはじまるのは、その直後である。このどこまでも甘ったるい男には、自分の気まぐれが他人に与えた傷がどんなに深いかをやっとわかりかけた時でさえ、つぎの瞬間には、自分の失うものへの心残りのほうがさきに来てしまうのである。こう書いたからといって、私は、自分のほうが彼よりましな人間だと信じているわけではない。誤解してほしくない。そうしてこのレコードできかれる、彼のこのアリアが半分しか冴えてないことが、私の耳には快く響く。

私がカラヤンの演奏の本質を、情緒の表現でなく、様式に忠実なところに根ざしたものというのは、こういった例について、きき直せばわかって頂けるだろう。

それは何も彼が感情の表出に冷淡な指揮をしているというのではない。そうではなくて、カラヤンのプッチーニが、そうしてヴェルディがすばらしい成果をあげている、その原因がここにあるのだろうといっているのである。

カラヤンは、ヴェルディにせよ、特にプッチーニにせよ、彼らのオペラを指揮するのに、リヒャルト・シュトラウスのそれを扱うのと同じことしかしてないのである。つまり、シュトラウスにはシュトラウスのものを、十九世紀イタリアの生んだ二人の天才には彼らのものを、忠実に、かえしているにすぎない。（ロンドン　SLC七二一〇〜二）

こんなにおもしろいイタリア・オペラなら、私だってききにゆく。

カラヤン／ベルリン・フィルのマーラー《交響曲第五番》

相変わらずというか、このところというべきか、グスタフ・マーラーの交響曲のレコードが、次々と出てくる。最近のものではレヴァインの《第九》、それからテンシュテットが《第一》《第五》(その二枚ものの組合わせとして《第一〇》も入っている)という具合である。

レヴァインのことは、前に書いた。そのときの私の考えは、今度も変わらない。いかにも、マーラーの音楽のポリフォニックな特徴のよく出た演奏で、私はそれが好きだ。

これは私一人の好みというだけではないだろう。現に去年は西ドイツで大がかりなマーラー音楽祭があり、一八の都市で大小さまざまの交響楽団によって、彼の作品が——なかには同じ曲が別々のオーケストラで何回も——演奏されたのだが、この催しに随伴して、デュッセルドルフで、マーラーの専門家としてすぐれた業績をあげてきたパウル・シュテファンを議長に、これまたかなり大規模なマーラー・シンポジウムが開かれたとき、それに出席したアルノ・フォルヒェルト（Arno Folchelt）が「指揮者としてのマーラー」という主題で、講演したが、そのなかで彼は「演奏家としてだけでなく、作曲家としても、彼の音楽の理想が、明瞭、鮮明、諸声部の含蓄に富んだ精確さといったところにあったこと、その点でマーラーはシェーンベルクの先駆者といってもよく、したがってまたロマンティックな薄明、明暗といったものとは逆のゆき方を尊重していた」と述べたそうだ（*Österreichische Musikzeitschrift* 1/1980）。くり返すようだが、私はレヴァインのマーラーは、まさにこの諸声部の鮮明、精緻な扱いが特徴と考えているので、この報告を読んで、我が意を得たりと思った。そういうレヴァインでさえ《第九》となると、やはりむずかしいらしく、あるものがとりのこされている感じである。それをどういったらよいか。さっきの引用の用語をかりれば、なるほど精緻、明快には違いないが、「含蓄ある精緻」、あるいは、大芸術のもつ本当の「簡潔さ」まではいっていないといったらよいだろうか。私とすれば、レヴァインは、《第九》をやるより先に、若い番号でまだやってないものをまず順々に聴かせてほしかった。

テンシュテットのマーラーは、このレヴァインと逆をゆくものといったらいけないだろうか。彼のは、まさにロマンティックなマーラーである。といっても、この人も現代の人間だから、メンゲルベルクはいうに及ばず、ヴァルターはもちろん、バーンスタインといった、先輩たちの演奏とは違う。テンポは遅く、全体がもっさりした感じではあるが、メンゲルベルクの恣意、ヴァルターの甘美な憂愁、バーンスタインの興奮といったものはない。主観に溺れず、神経質でない、客観的な態度が基本にある。こういう彼の指揮が思いもよらぬ効果を——少なくとも、私に——及ぼしたのは《第一〇》のアダージョである。これはよかった。《第一〇》は周知のように、単に未完成というだけでなく、マーラーの意志をどのくらいまで実現し終えたものか、かなり疑問がある。もし彼が一楽章なりと「これでよし」として発表したとしたら、それは、今私たちの見ているスコアとかなり違うものになったのではないかという疑いがある。そういうことは別にしても、何しろ今遺っているスコアは弦楽合奏を主体に、管が加わったようなもので、当時のマーラーからは考えにくいようなオーケストレーションになっている。そのせいもあるのだろう、たいてい、この曲の演奏は、いつも、何かヴェールが一枚かぶさったような、血の気のうすい、音響のものになっている。ところが、テンシュテットで聴くと、それがかなりの程度まで、血と肉を具えた現実の音楽として聴こえてくるのである。そうして、もし、これが本当に書き上がっていたら、マーラーは今私たちが知っている後期ロマン主義音楽とシェーンベルク以後の音楽とのあいだにある、断絶とまではいかないにせよ、あの大きな隙間を見事に埋める仕事をしたのではないかと、空想したくなる。

以上のように考えてくると、マーラーの演奏には、まだ埋まっていない大きな空間があると痛感されてならない。それを埋める人は、可能性をもった人は誰だろう？と考えているうち、私は、カラヤンのレコードを思い出した。カラヤンがそれまで何十年かにわたる長いキャリアのあいだ、そっぽを向いてきたマーラーについて、何年前からか、急に強い関心を示し、演奏会にとりあげるようになったのはなぜだろう。彼のマーラーのレコードについては私は前に数言ふれた。だが、もう一度聴き直してみようではないか。

そう思って、私は、《第五》のレコードを、改めて、かけてみた。結果は、意外なくらいおもしろかった（グラモフォン　MG八〇五八～九）（ベルリン・フィルとの一九七三年の録音、この番号〔LP〕は廃盤、CDはグラモフォン　POCG三五二〇）。

ここでは、カラヤンは、作品のもつ二つの面を示している。その一つは純粋音楽というか、要するに露骨にプログラム的でも、感傷的情緒的なものを土台にしたものでもない音楽、だが、よく人が「無機的な」と悪口のつもりで呼ぶ、あの冷たいという意味ではなくて、「モーツァルト、ハイドンらの交響曲と同じ基盤に立つ音楽」としてのマーラーの《第五》を聴かすことをやっているのである。その最高の成果は終楽章である。その観点からみると、これは実にすばらしい、もしかしたら、これまで誰もやれなかった最高の演奏になっているのではないかと思われる。ベルリン・フィルの音も、さすがに見事であり、きれいに澄んでいる。しかし、すばらしいのは、さすがにバッハ以来のポリフォニー的音楽思考の伝統を身につけた楽員たちで、このフィナーレに出てくるフーガは上手というのを通りこして、痛快なくらい表情的で爽やかである。聴いていて、スコアの㉘（第六二三小節）ト長調の微妙な*pp*から出発して、ニ長調を通過して、この交響曲の最終目標だったニ長調の輝かしい勝利へ到達し、そこでプレストで壮大なコラールが鳴らされるあたりは、すでに名演というほかないという気がしてくる。しかもそれは、そのすぐ前、つまり㉗第五九二小節あたりから*pp*のエスプレッシーヴォとグラツィオーソで、しかも一つ一つ、ぴちりと的を得たアクセントをもって演奏されてきた末の、輝かしい前進なのである。これは、単なる音の豊かさ、輝かしさ、爽やかなダイナミック、一つ一つの音のきれいさといった、いつものカラヤンのあの贅沢趣味とはまた一つ別のものなのだ。まさにポリフォニーとしての含蓄ある精緻と明確なのである。

同じことは、第三楽章のスケルツォについてもいえる。ただ、この楽章では、そのほかに普通のトリオに当たる、あのレントラーへの憧れの部分も重要な役を与えられている。そのリズムの呼吸のよさと艶っぽいメランコリーの味わい。その哀愁の暗がりをぬけて、スケルツォ主部にまた戻るまでの部分で、一つの「音楽の復活」の劇が演じられる。特に第一四一～三小節にかけての呼吸。

こういうとプログラム的になってしまうが、カラヤンは、それを純粋音楽を扱う態度で一貫しており、余計な表情などまったくつけないでいて、この成果を手に入れるのである。

こういう根本の態度があるため、第一楽章の「葬送音楽」的な雰囲気は稀薄になっている。あっさりしすぎるという人もあるだろう。いや、現に私もそう感じ、不満が残る。しかし、そういう人も、第四楽章のアダージェットで、十分以上に補償されることになる。ここでは、あのカラヤンが絶叫寸前の音楽をやっているのである。

カラヤン
ドビュッシー、ヴェルディ、マーラー

I

カラヤンのことは、これまでも何回も書いてきたので、いまさら、新しいことをいうのは、むずかしい。

この間も、ベームが死んだのを機会に、ベームのことをあれこれと考えてゆくにつれ、結局、私は彼のことが好きでずいぶんきいてきたものだ、恐らく、二十世紀の大指揮者とか名指揮者とか呼ばれる指揮者の中では、彼の指揮をいちばん数多くきいたのではなかったか、と思ったのだが、ベームについでよくきいたのはカラヤンだったかも知れない。何しろ、一九五四年の秋、ベルリンの芸術祭で、ベルリン・フィルを相手に、ベートーヴェンの『第六交響曲』、モーツァルトの『交響曲第三九番』それ

からもう一つは多分ゲザ・アンダのソロによるバルトークの二番の協奏曲だったと覚えているが、こういったプログラムによる演奏会をきいて以来、ベルリンで、東京で、それから夏と春のザルツブルクの音楽祭で、本当によくきいてきたものである。そうして、きけば、自ずから、それについて書くチャンスも生まれるというわけで、カラヤンのことは本当によく書いた。

だからというのでもないが、このごろは、カラヤンをきく度数は減ってきているような気がする。近年は何もヨーロッパまで出かけなくとも、彼の方でベルリン・フィルといっしょにやってきて、ベートーヴェン・チクルスだとか、ブラームス・チクルスだとかをよくやるようになったけれど、それに反比例してというとおかしいが、私の方では、その全部をきこうというだけの意欲が起らない。もっとも、私が鎌倉などにひっこんで、東京の音楽会場にたびたび足を運ぶのがおっくうになりつつあるのは事実で、カラヤンに限らず総体的に、私の音楽会通いの回数が減ってきたということもいっておく必要があるだろうが。原因はそれだけではない。カラヤンのベートーヴェンやブラームスは、これまでに何度もきいて、今では、わざわざききにいかなくとも、大体予想がつくという事情もあるからだ。

だから、これまで私のきいたのと、別のものをきかせてくれるというのだったら、私は、恐らく、ききにゆくだろうと思う。

ところが、実演では残念ながら、なかなか、そういうプログラムにぶつからない。従って、カラヤンは、このごろは、実演よりレコードできくことの方が多くなった。

II

実演にぶつかってききにゆくだろうというのは、どんな曲か。

たとえば、ドビュッシーの『ペレアスとメリザンド』。カラヤンの『ペレアス』は、だいぶ昔、彼がまだウィーンの国立オペラの総監督だったころ、演出も自分で受けもちながら、上演したことがあるはずだ。私はその評判をウィーンの新聞でよみ、またたまたまウィーンにいて、その舞台をみ、音楽をきいた人からの話もきいた。そうして、いつかは自分もききたいと思いつつ、ついに今日まで、その機会をもたぬまま、来てしまった。残念である。

何年か前、そのカラヤンが指揮した『ペレアス』のレコードが出た。フォン・シュターデのメリザンド、スティルウェルのペレアス等々の配役だった。オケはベルリン・フィル（エンジェル　EAC77324～6）。それは期待にたがわず、すばらしい演奏だった。日本では――もちろん、日本だけでもないのだろうが――演奏家と彼のレパートリーについての先入観が強く、カラヤンといえば、ドイツ・オーストリアの十九世紀音楽の指揮者と考えるけれど、それは、必ずしも、正確ではない。それに、これはとても残念なことだ。特にカラヤンは、演奏会の指揮者であると同じくらい、オペラの指揮者であって、そのオペラ指揮者としてのカラヤンのレパートリーには、モーツァルトやワーグナー、R・シュトラウスがあるのはいうまでもないけれど、それに少しも劣らぬくらい、彼はヴェルディ、プッチーニらのオペラにかけても、今世紀屈指の名指揮者なのだ。

このことも、私は、前に書いたことがあるので、くりかえすのは避けたいのだが、一言だけいっておけば、カラヤンがミラノのスカラ座にいって、ヴェルディやプッチーニを指揮するのは、決して珍しいことでないけれど、しかも、その時、カラヤンの棒で歌ったということは、今だって、歌手にとって、キャリアの上で大きなメリットになるだけでなく、彼の指揮で歌った時の感激を語るのが、普通なのだ。このことも、レコードは、よく伝えてくれる。

たとえばヴェルディでは『オテロ』、『アイーダ』、『ドン・カルロ』、プッチーニでは『マダム・バタフライ』、『ボエーム』、『トスカ』、これらのレコードをきいた人は決して少なくないはずなのに、どうして、日本のオペラ・ファンの間ではカラヤンといえば、すぐ、ヴェルディ、プッチーニを思うという具合にいかないのだろうか。

たとえば、カラヤンの指揮で、『アイーダ』と『オテロ』をきいてみれば、この二つの作品を作曲している間に作曲家としてのヴェルディが、どんなに大きな変化をみせたか、――私にいわせて頂けば――どんなに大きな深化、発展をとげたかを如実に感じとらないわけにいかないだろうに、と私は思うのだ。『オテロ』では、たとえば、第一幕だけをきいていても、オーケストラの扱いについて、かつての単純な伴奏から、そういうことでなく、歌とオーケストラが相まって、表現の緻密さと的確さ、それから力強さを加えて来ていることだろう。歌を歌っている間にも、ハーモニーが複雑さを加え、転調が増え、テンポの動きが――表現の必然に則しながら――求められているということが、わかってくる。

そういうカラヤンの特質は『ペレアス』でも、遺憾なく発揮されている。これは、全篇が一篇の詩であるような音楽だが、その中では、歌とオーケストラは別々であって、しかも、別ではない。私たちは、歌をきいている間、オーケストラを忘れているかも知れない。オーケストラの間奏をきいている時は、それを、まるで『夜想曲』だとか『海』だとかといった交響詩のつもりできいているかも知れない。実際、メリザンドが小声でもそもそ、グレゴリオ聖歌みたいなものを吟誦している間は、オーケストラは沈黙しているか、さもなければ「沈黙の音楽」をかなでているかであるようなことは、珍しくない。

だが、そういう時でも、オーケストラに求められているのは、一分の隙もない、精密な演奏であり、少しの音でもって、きき手の心に、多くを暗示したり、喚起したりする音楽を演奏することである。

それがどんなことかは、カラヤンのこのレコードをきくとよくわかる。

III

この原稿をかくために、私は、カラヤンの入れたワーグナーの、『パルシファル』（グラモフォン　００ＭＧ８６～９０）の全曲盤を出してきて、その一部をきき直したのだが、その時感じたことの一つは、いかに『ペレアス』が『パルシファル』なしには考えられない音楽であるか、ということだった。この二つは、ちがっているけれど、とても近い。ハイドンとモーツァルトみたいに。一方にあるもので、他方にないものがあり、また両者の間には、影響関係といってもよいような一つのはっきりしたつながりがある。

そのちがいの中で、特にはっきりしているのは、いかに『パルシファル』がいたるところ濃厚な音ですっかり固めた音楽であるかということ、それと逆に、『ペレアス』の作曲家が音楽を風通しのよいものにするために、いかに細心の注意を払ったかということだ。そうして、共通している点の一つは、リズムのはっきりしたメトリークを廃し、いかに和音の流れを円滑にしてゆくかという点で、ドビュッシーはこのワーグナーの最後の楽劇をきいて悟るところがあったことだ。ワーグナーは「『トリスタン』

以後の自分の音楽は〝移行の音楽〟だ」といっているが、正にその通り。『パルシファル』では、ちょうどモネの描いた大伽藍や藁の堆みたいに、対象は一つなのに、それに当る光の相違につれて、色がつぎつぎに変ってゆくのと同じような、響きの推移がみられる。

ただし、それは『パルシファル』では『ペレアス』とは比較にならないくらいの豪華な極彩色でかかれている部分が少なくない。そういう音楽をやって、カラヤンは彼の最も得意な、だからまた、彼の最高の成果を手に入れる。

こういうカラヤンのワーグナーは、かつて六〇年代から七〇年代はじめにかけて、彼がザルツブルクの春（イースター）の音楽祭でやった『ニーベルングの指環』とは、少し変ったものになってきている。私もそのうち『ラインの黄金』と『ワルキューレ』をきいたものだが、あのころのカラヤンのワーグナーは、まるで室内楽みたいに、透明精緻な音の織物になっていた。だから、ある種のワグネリアンにとっては、重量感のたりない、がっちりした抵抗感に乏しい『指環』にきこえたものだった。そのがっちりさが、今の『パルシファル』にあるというのではないが、しかし、こちらは煉りに煉って黒光りがするようかんか何かみたいな、一分の隙もなくこってりした、テクスチュアの音楽になっている。しかもどこをとってもその響きの美しいこと。

その美しさが、時に、胸につかえるくらいであり、そうでなくとも、長い劇のくせに説明的問答が多く、ダイナミックな変化対照の比較的乏しい作品を、始めから終りまで、同じような注意深さできき通すことを、むずかしくする。要するに、どこをとってもあまりきれいすぎて、かえって、全部が平均化される傾向が生まれてしまうのである。

だから私は、『パルシファル』のレコードは、とても一気に始めから終りまで通してきけない。だが、時に応じてその中の一面、あるいは一枚の表と裏というふうにきいてみると、すごくきれいで、魅了される。劇とか全体の構造とか、そういうことはどうでもよくなってしまうのである。

IV

そういうことを、私は、近年、カラヤンが入れ直したマーラーの交響曲作品のレコードにも、往々にして、感じる。

カラヤンのマーラーの交響曲シリーズは――レコードでは――、たしか『第五交響曲』からはじめられたのではないかと思うが、あのレコードをはじめてきいた時のことは、今も覚えている（グラモフォン　MG8058～9）。随所にきれいなところがあり、それは溜息が出るくらい、きれいなのだけれど、全部を一気にきくのはむずかしかった。そういう点は、それから何度かきいた今も、残っている。マーラーの交響曲演奏の歴史に新しい一頁を開くものだというふれこみもあり、私は久しぶりに期待し、緊張して、きいた。

まず、第一楽章のあの葬送行進曲では、そういう「葬送」といった感じは、あまりしつこくなく、さらりとした行き方であり、第二楽章も、たしかにうまいけれど、そう特性的とも思われなかった。しかし、第三楽章に入ると、音楽はただ音楽というのだけでなく、一つの生きものとしての呼吸をはじめるのがわかる。たとえば、スコアの[B]の[6]以後、小節でいえば第二七〇小節以下〈幾分、おだやかになって Etwas ruhiger〉変ロ長調になって、それまでのニ長調の荒々しくたけだけしい音楽から変るところ、あるいは（同じ楽章の）四二九小節ヘ短調になって〈a Tempo molto moderato〉でのところなど、まるで徐々に落ちつきをとりもどし、生きかえってくるような気配を感じさすあたりは、絶妙の極みといっても過言ではない（譜例①）。

もちろん、ベルリン・フィルもうまい。正に人間と馬とが一体となった、見事な疾駆ぶりである。

こういうすばらしい出来のあとに来る、第四楽章の例のアダージェットが、全体として、雰囲気の音楽であり、構造的なものより、その瞬間瞬間の音にひきずられ、その上、どちらかというと、情念をいっぱいもりこんで絶叫型になっているのは、どうもよくわからない。はじめてきいた時、これがカラヤンかしら？　と訝かる気持が強かったことは、今だに忘れられない。

だが、おもしろいことに、このつぎのロンド＝フィナーレの楽章が、また、実に良いのである。この難曲を全体として何の破綻もなく処理しているだけでも、やっぱり、高い力量の持主でなければやれないことと感心するのだが、それだけでなく、見事なフーガがきかれる。それも単に、各声部の扱いがきれいに出来ている上に、何ともいえぬ純音楽的爽快さがあるのである。たとえば、28ト長調の*pp*以下の箇所など、胸のすくような腕の冴えがきかれる。そうしてこの妙技はこのあとも、一貫して持続され、最後のコーダまで、まるでベートーヴェンの『第五交響曲』の終りみたいな、もり上りにつぐもり上りの連続である。これほどのクライマックスは、たとえばあの馬力では誰にも負けないショルティでさえ、とても、つくれなかったものである。

カラヤンのマーラーのレコードでは、なお『第四』（グラモフォン MG1222）、『第六』（同 MG8331〜2）交響曲があり、『第九』もさきごろ出たし、ほかに『大地の歌』（同 MG8072〜3）や『亡き子を偲ぶ歌』（同 MG8058〜9）、『リュッケルト歌曲集』（同 MG8072〜3）などもある。そのうち『大地の歌』は、クリスタ・ルートヴィヒとルネ・コロの二人を独唱者にもっている。だが、私としては、ルートヴィヒの『大地の歌』ならば、彼女がクレンペラーの指揮で入れた盤を選ぶ。それにあの時のテナーはヴンダーリヒだったが、これまた、『大地』にはルネ・コロよりこの二人は理想

譜例①

譜例②

的組合せといってもよかったくらいずっと好ましいテナーだった。コロは、なぜか、こういう歌の時は、堅くて、無理をしているように、きこえる。

しかし、クレンペラー盤とカラヤン盤のちがいは、こういった歌手の問題だけでなく、指揮者としても、クレンペラーの方が——少なくとも、この『大地』に関する限り——ずっと良かった。あれは分析的で、精密で、しかも「心のこもった」痛切さを兼ねそなえた名演だった。それに対し、カラヤンのは、全体として高い水準のものであるには違いないが、曲の構造を伝える点では、クレンペラーに及ばないと思う。ここでも、さっき『第五』の第四楽章でみたように、とかく関心が瞬間瞬間の美しさの追求に傾きすぎて、全体の形がよく見えてこないのである。そうして、そのために、きいていると、頭も尻尾もない、のっぺら棒の音の塊りを見せられたような気がしてくる。局部的には、すばらしい美しさが、あちこちに、あるのだけれども。

こういうことは、これまでのところ、いちばん新しいマーラーの『第九交響曲』についても、大体、あてはまる（同　52MG0108〜9）。

ただしこの曲では、細部の美しさという点では、思わず息を呑むような、異常なものの域に達したところがあるのも事実である。

もちろん、曲も曲で、『第五』に比べて『第九』特にその第一楽章は、マーラーの手になる最高の数頁なのだから。

たとえば、第一四〇小節以下（音楽之友社）のスコアの二十一頁から二十二頁にかけて、変ロ長調から主調の二長調に転調してから、しばらくして主題が戻って来るまでの間など、その典型的なものだろう。ここではハープの〈Sempre marcato〉にのりながら、はじめ、ためらいながら、しかし、だんだん初めのテンポにうつってゆく〈Noch etwas zögernd, allmählich übergehen zu Tempo I〉あたり、ここは誰の指揮だって、全楽章を通じてのきかせ所の一つであるのは当然だけれど、カラヤンは、彼のもつ才能と経験の限りをつくす。

もう二十小節以上前からバス・オスティナート（持続低音）の役を受けもたせられ、

ここの経過を準備し、支えてきたハープの音にのって、ホルンが主題を〈やさしく歌うように、しかしはっきり耳に立つように Zart gesungen, aber sehr hervortretend〉奏し、そこに第一ヴァイオリンが〈*pp* で、しかし強く思いをこめて歌うように *pp*, aber sehr innig gesungen〉対位線をのせてくる（譜例②）。

このハープが実によくきいているし、ホルンのやさしい歌も、ヴァイオリンの囁きも、心の底まで泌みとおってくる。暑さにあえぐ夏の日ざかりに清冽な水を口に含んだみたいに、口から咽喉、そうして腹の底まで泌みとおってくる。それが、やがてまた変ロ長調に戻り、次第に力をましていって〈憤怒をもって mit Wut〉のアレグロ・リゾルートとなって爆発するまでのもり上げ方は、「生きている音楽」というほかないようなすばらしさだ。純粋に音楽としてきいても、二十世紀の代表的指揮者たるに恥じない出来栄えである。

同じように、この楽章の、無限の苦悩に裏づけられた憧れを抱きながら、白雪の彼方、遠くはるかに消えてゆくような思いにみたされたコーダも、すばらしい出来である。

しかし、そのコーダに入る前（音楽之友社スコアの五十六頁、第三七六小節）、〈突然、著しくおそく、そうして小さく plötzlich bedeutend langsamer und leise〉と指示されて、オーボエ、フルート、ピッコロ、それからハープたちが、競いあい、何重にもなりながらカデンツァのような走句を吹くところは、あまりにも控え目で、完全に音が鳴りきっていない憾《うら》みが残る。どうしてだろう？　ここも、全曲を通じての最大のききどころの一つだろうに。近年のカラヤンは、実演でその指揮ぶりをみていても楽員の自発性に委ねて、あまりこまかい指示をするのを控えているのかと思われるような場合を、時々目にするけれど、ここも、その一つだろうか。そうして、任せられた結果、さしも名人揃いのベルリン・フィルのメンバーであっても、互いに譲りあい、手綱をきつくしめすぎてしまったのだろうか。

以下の三つの楽章は、第一楽章に比し、作品としても、別にどうということもないし、演奏も普通である。終楽章に、のどもはりさけんばかりの絶叫型の箇所が出てきて、あくまできくものの涙——いや、もっと烈しいもの、慟哭というべきか——を誘わずにおかないといった意気込みが感じられるのは、『第五交響曲』の例のアダージェットの場合と共通する。

これも演奏だけでなく、作曲そのものの性質とも聯関があるのだから、それを無視して、演奏だけの次元でいってしまうのは危険だけれども、これをきいていて、かつてのカラヤンは、こういう行き方は嫌いではなかったかしらと、考えたことは書いておこう。たしかにマーラーとは、こういうセンチメンタルな感情の手放しの表出をいとわない傾向があった。しかし、たとえそうだとしても、さっきふれた第一楽章の主題の再現や、コーダ、あるいは『大地の歌』の最後を飾る『告別』の歌など、一音符といえど異常に強い情感の裏づけのないものはないにもかかわらず、センチメンタルにはきこえないのは、なぜか。

もっとも、正直いって私は、この『第九』の終楽章を、いつも、こう思ってきくわけではない。実演で、これをきいたあと、強い感動にうちのめされ、しばらく席から立てなかった覚えもあるのである。それからレコードでもたとえば、同じベルリン・フィルをバルビローリの指揮で録音した盤がある。このところしばらくきかないけれど、あれもかつては、くりかえしきいたものである。音楽として、たしかに甘いけれど、しかし、マーラーと同じくバルビローリも、心の底から正直に、こういう感情にみたされて、書き、また演じているのであって、そういうものに、私たちは、正直にうたれるのである。

ゲーテにかつて、「ホーマーたちは、悲しかったから悲しいと書き、楽しかったから楽しいと書いた。今の人は、悲しがらせようとか楽しがらせようとして、悲しく、あるいは楽しく書く。つまり、これは効果のためのもの」といった趣旨の言葉（ヘルダーにあてた手紙の中で）があって、たしかホーマーの『オデュッセイア』か『イリアス』を読んだあとの感想を書いた一節だったと思う。正確な引用でなくて申しわけないが、とにかく、ここには、重要な真実にふれたものがある。

V

感情の言葉としての音楽を演奏すること、あるいは演奏を通じて、作品に含まれた感情の表現をすること、カラヤンには、何かそういう仕事にぴったりしないものがある。今世紀はじめの指揮界を二分したフルトヴェングラーとトスカニーニの中に、演奏における二つの基本的なタイプの対立をみるとすれば、カラヤンはトスカニーニの流儀から出発した人である。フルトヴェングラーの、いってみれば主観主義に対し、トスカニーニの客観主義の側に立つ人だったといってもよい。

しかし、私はトスカニーニは二度しかきくチャンスをもたなかったが、楽譜に忠実で、一音符といえど自分の勝手な解釈で曲げたりしない人だったといわれているにせよ——また、これが少なくとも、彼の目標だったにせよ——たとえば、彼がやったヴェルディのオペラをきけば、そこにはありあまるほどの感情の表現があったのである。それは、ごく当り前のことだ。ヴェルディはそのつもりで作曲したのだから。ただ、トスカニーニは、ヴェルディの書いた通りやって、その目的を達成しようとしたのであって、自分の考えた通りやろうとするのを排したにすぎない。この間も、ミラノ・スカラ座一行の日本公演の解説書に、イタリアの評論家の文章がのっていたが、その中に、こんなことが書いてあった。『オテロ』の初演を前にしてヴェルディはオーケストラに非常に多くの練習を要求したらしいが、ある時最後の幕で、デスデモナの寝室に今宵限り、最愛の妻を殺してしまおうと嫉妬に狂ったオテロが足音を忍ばせて近づいてくる時、そこにつけられたチェロのパートを受けもった若いチェリストがあんまり小さくひいていて、ヴェルディの思った効果が出ない。それで作曲者がそのチェリストに、「もっと大きく」と指示し、何度もひき直させるがチェリストはいつも小さくしかひかない。業を煮やしたヴェルディがそばにいって注意すると、その若い音楽家は楽譜を示し、「マエストロ、しかし、ここには*pp*と書いてある」といって、譲ろうとしなかった、というのである。トスカニーニにいわせれば作曲家自身だって間違うことがあるのであって、典拠とすべきは楽譜の原典のみというわけだったのだろう。

カラヤンは、この流儀から出た。若いころの彼の速めのテンポ、流線型でもたもたせず颯爽と疾走してゆく指揮ぶりは、そこから由来したものだった。しかし、カラヤンといえど、いつまでも同じカラヤンではない。時と共に、彼のブラームス、マーラー等々には、響きの重厚美麗さだけでなく、テンポの振幅の大きなゆれ、ゆったりした進み方も、きかれるようになった。このごろの彼のブルックナーでは、そういう傾向がよく出ている。

だが、それでもって感情の表現をするとなると、カラヤンには、曲によっては、ワダカマリがあり、シコリがある。感情の表現をやらないわけではないのだが、何かしっくりしないものが残っていることが少なくない。

その顕著な例が、彼のモーツァルトに現れている。モーツァルトの音楽は、感情の表現として、非常に微妙な問題を内蔵している。器楽もそうだが、オペラは特にそうだ。カラヤンの最近入れた『フィガロの結婚』のレコードをきいてみると、序曲からして、何であんなに速いテンポで、せかせかやるのか、私には、よくわからない。そういうことが、つぎからつぎと起る。ベームの、あのやたらおそいテンポと対照的である。何も、ベームとはりあった結果、こうなったなどというばかなことを考えるわけではないけれど、不思議な気がする。少なくとも、目下のところ、モーツァルトはカラヤンのアキレス腱ではないだろうか。

カラヤンのシェーンベルク、ベルク、ヴェーベルン

豊麗甘美な音

I

フランスからコラールという若いピアニストが来た。昨年の秋以来レコードできいたところでは、音のきれいな、そうして音楽も無理なく、自然に流れる好ましい青年音楽家らしい。日本に来たら、ぜひきいてみよう、と思っていた。ところが、彼が実際に来日した時は、私はどうしてもきけない。仕方がない。皆の話をきいて、自分がレコードできいた時の印象とつけあわせながら、想像していた。

このつぎ、彼をきく機会があったら、きっと私は出かけるだろう。しかし、その時も、もし、きけなかったら？　私はどのくらい残念に思うかな？　レコードでは、きいたのだし……

同じように、モスクワ放送交響楽団が来演した。何だかやたらチャイコフスキーの多いプロばかり目立ち、私は、どうしようかな、行くか行かないか、はっきり決心がつかないでいた。そうして結局、これもききのがした。ただ、指揮者が二人ついてきたりして、フェードセーエフとかいう人、この人のほうはきいてみたかった。きいた人の話だと、同じチャイコフスキーでも繊細で柔らかく、しかも内に秘めた情熱の感じられる、よい音楽だったという。私は、戦後、よくきかれるようになったソ連の交響楽団やソ連の指揮者たちによるチャイコフスキーが、雄渾というか剛気というか、何だかロシア生まれのベートーヴェン二世みたいな音楽家になっていて、おもしろくないので、——たとえばムラヴィンスキーがレニングラード・フィルを指揮したレコードなど、まさにこの「硬派チャイコフスキー」の代表的なものだった。いかめしくって、ちょっとやそっとでは、そばにもよれないほど、威厳がある。それに烈しく燃える時は、今にも火を噴きそうなくらいデモンストラティヴで、威嚇的なのだが、本当の情熱は、果して、どこにあるのかわからない。といった具合のものだ。それだけに、こうきくとよけい、この若い指揮者がききたかったと、残念だ。オーケストラはどうせとびきり上等のものだったに違いないし。

だが、こんなふうに考えた末、私は、この両者の組合せのレコードがあったら、きいてみたいな、と思って、カタログを捜す。

ヤナーチェック弦楽四重奏団の日本公演もきけなかった。バルトークの六番が、とてもよかったという人もいる。そうかも知れない。チェコスロヴァキアの弦楽四重奏団は、私の知る限り、どれも音が柔らかく、根本的にいって穏やかで人好きのする音楽をやる。それだけに、私は、たとえばスメタナ弦楽四重奏団など、よい演奏をすると思いながらも、この人たちのひくベートーヴェンが、どれもみんなのいうほどよいとは考えられないのである。さっきのチャイコフスキーをめぐる不満と逆に、こんどは、この人たちのは私には少し柔らかすぎるのである。といって、ベートーヴェンは何でも、怖くて、強ければよいというわけではないけれど。

ところで、ヤナーチェック弦楽四重奏団に戻ると、「バルトークがよかった」という話をきくと、そうだろうと合槌をうちながら、「あの人たちの演奏は知ってる、それにどうしてもききたくなれば、レコードがあるし」という気がしてくるのである。どういうわけだろう？　チャイコフスキーもベートーヴェンもバルトークも、みんな、これまでさんざんききにきいた音楽ばかり。それだから、もう、わざわざ、電車にゆられて、演奏会場までゆくのが億劫になったのだろうか？

これまで何十年か音楽をきいてきて、あの人もきいた、この人もきいた。今後さらに何十人かの未知の音楽家をきいてまわってみてどうするのか？　そういう気が、自分でも気がつかないうちに、心のどこかに芽生えてきているのだろうか？

私は、知らない。

私の知っているのは、レコードというものが、恐ろしいほど便利なもので、いうにたりないわずかの手間をかけさえすれば、いながらにして、何でもきけてしまうこと。それから、もっと恐ろしいことには、レコードは酒やタバコと同じように、これに慣れてゆくうちに、いつの間にか麻薬的効果を発揮し、それがないとひどく淋しいという中毒的現象をひきおこしやすいということである。

レコードと実演がどう違うと、いくらいってみても人間精神の、そういう知識や、認識の働くのとは別のところで、レコードはきく人をとりこにしてしまう性質をもっているのである。

誤解のないようにいっておくが、私は旧式の実演尊重論者である。レコードは、私にはあくまでも代用品なのだ。私は、始終くりかえしているように、知らない音楽家をレコードで判断する自信がない。それに、レコードだけでは、とてもとても、わからないものが、実演だと、単に視覚に助けられるというだけでなく（視覚が大きな助けとなるのも事実だ）、いってみれば、感覚と知性の綜合的な働きによって、感じられ、認められるだけでなく、より精緻な直観でもって、伝わってくるのである。だから私は、実際にステージの上の姿として経験した音楽家についての自分の判断については、よいも悪いも、これが私の考えといって提出する覚悟があるがレコードだけだと、どうしても、最後の壁をひとつ感じてしまう。
以上は、それにも、かかわらず、私が、自分の生活の中で観察し、気がつく事実なのだ。

II

たとえば、これは、ちっとも新しいレコードではないけれど、私は先日、久しぶりにマーラーの第七交響曲のレコードを出してきて、かけてみた（エンジェル　ＡＡ八五八一〜二）。クレンペラーの指揮、ニュー・フィルハーモニア管弦楽団の演奏したものである。おそい、おそい演奏で、普通の人ならとてももつはずがない。クレンペラーをもってしても、ダルになってしまう箇所も、事実、ある。それから録音のせいかどうか、たとえば第四楽章の夜曲のマンドリンやヴァイオリンの独奏部など、あまり大きな音がして、巨大なスクリーンに写し出された微生物みたいに量感の均衡がグロテスクに損われている箇所のあるのも事実だが、それにもかかわらず、全体として、何と圧倒的に感動をひきおこすものだろう――そうして、終わってからも、何かとんでもなく巨大で、しかも隅々まで、いうべきものが充満している作品といっしょにいたという感銘がいつまでも残っていて、しばらくは、ほかのレコードをきく気をまったくなくしてしまう。かけてみても、こちらの耳が、心が、まるでうけつけないのである。

クレンペラーのマーラーでは、第九もそうだった。これはワルター、それからバルビローリと、二人の情感のこまやかさと烈しさ、そうして真正さという点で、比類のない名演奏のレコードがあるけれども、クレンペラーのは、それとまったく行き方が違って、いわば大きな壁画をみるようなフレスコ的演奏だが、音楽の充実、しかも意外なほどの棒さばきの確かさの二点で、今あげた二人の巨匠の演奏に一歩も譲らないものになっていた。

やっぱり、大変な人だったのである。私は、クレンペラーは、とても、始終きく気にはなれない。しかし、同じパトスを満載した指揮といってもフルトヴェングラーは、テンポでも音勢でもあまり細かく動かしすぎて、煩わしく途中でこちらの注意が続かなくなってしまうのに反し、——現に、少し前に出たブラームスの交響曲四つをそろえたアルバムのレコード、私は何回か試みたのだが、いつも針をおろして何分かするうちに、自分の注意がどこか別のものにそれているのを発見するという結果になってしまい、まだ、一曲も終りまできき通せずにいる。これできくと、ブラームスの交響曲は「暗く燃える火を内蔵したような音楽」にきこえてくる。そういう把え方は、たしかに根拠のあるものだ。だが、私にはついてゆきかねるものが、その中にあるのである。

そういう時、クレンペラーの、たっぷりしたテンポの音楽をきくと、そうして、それが曲と合致し、成功している場合には、船にのって、太洋を航海しているような感じになる。マーラーで、こういうことを経験するのは、何ともいえぬものである。それにくらべるとフルトヴェングラーのは風や潮流の動きに超敏感な客船に思われてくるから、不思議なものである。

III

みんなはよく、マーラーの雄大で複雑をきわめた超大編成の交響管弦楽こそ、ロマン主義交響音楽の終着駅であり、シェーンベルクの、たとえば第一室内交響曲その他の少人数の交響作品（これは一種の用語矛盾だ！）は、それへの反動として生まれた、といった言い方をする。私も、そんなことをいってきた。しかし、マーラーの、それも第五交響曲以後の作品をきいていると、人数の多い少ないだけで、マーラーとシェーンベルクの間に一線を画そうというのは、実に浅薄な考え方でしかないというのに気がつく。

先にふれたマーラーの第七交響曲など、実に大きくて複雑な編成になっているが、それでいて、各声部の独立性、いや個々の楽器の扱いの独立性はこれ以上ないくらい、徹底している。その点で、この曲は、有名な夜曲でのマンドリン、ギター、あるいはヴァイオリンの独奏的扱いだけでなく、どの声部も、すべてが、独自の旋律として生きている。オーボエが、うっかりすると違う楽器かと思われかねないほど中音域でたっぷり使われていたり、テナーホルンの使い方であるとか、ここでの楽器の扱いは、スコアの透明度の高さという点でも、また各楽器に与えられた表情的価値の高さ、むずかしさという点でも、今日の発展した段階で考えても、普通の管弦楽団ではこなしきれないところまで達している。

マーラーが中期以後の自作について、「どのパートも、みんなソロイストの実力をもった楽員だけでひいてもらいたいくらいだ」といったのは、当然である。とすれば、シェーンベルクの場合でも、室内交響曲や《ピエロ・リュネール》を書く前つまり《グレの歌》や《ペレアスとメリザンド》の編成が、超絶的大編成だったといっても、これらの曲での管弦楽法の原理がすでに、高音部に旋律をおき低音を和音の基音として把え、中音部を和音の穴埋め的役割を与えるという、いわばピアノをオーケストラに移しかえたような書法から解放され、各パートに強大な独立性を与えたものだったことを考えあわせれば、これは、もう、マーラーのいうソロイストばかり集めた合奏にゆく直前だったというほかないところまで来ていたことがよくわかるのである。第一番室内交響曲は、ここからの当然の帰結だった。

レコードの話から、遠くはなれたみたいだが、私が、こんな感想を書きたくなったのも、マーラーについでは、このシェーンベルク、ベルク、ヴェーベルンの三人の管弦楽曲を集めたアルバムをきいたのが、私のレコードをきいてすごした時間の枢軸をつくりあげていたからである。

このアルバムは、カラヤンが指揮したベルリン・フィルの演奏による四枚のレコードからなっている。中にある曲はシェーンベルクでは作品五の《ペレアス》と作品六の《浄夜》、それに作品三一の《管弦楽のための変奏曲》。ベルクでは作品六の《三つの管弦楽曲》と《抒情組曲》の中から原作者の手で弦楽合奏用に書きかえられた、三つの楽章（アンダンテ・アモローソとアレグロ・ミステリオーソ、それからアダージョ・アパッショナート）、最後のヴェーベルンからは、作品一の管弦楽のための《パッサカリア》、これまた原作者の手で弦楽合奏用に書き直された作品五の《五つの曲》、作品六の管弦楽のための《六つの曲》、そうして作品二一の《交響曲》の四曲である。交響曲といっても、この曲がクラリネット一、バスクラリネット一、ホルン二、ハープ一、それにヴァイオリン二、ヴィオラとチェロ各一という編成であることは、ご承知の通りである。

カラヤンが、ベルリン・フィルの定期で、ヴィーンの三人の曲を時々とりあげているのは、私も現場ですでに経験したことだ。シェーンベルクの《変奏曲》をきいた時のことは、今でもよく覚えている。

だが、このレコードは実に良い。近年のカラヤンのレコードでいえば、モーツァルトやバッハよりよほど良いといって差し支えないだろう。もちろん、カラヤンのやったものだから、ベルクはいうまでもなく、シェーンベルクやヴェーベルンもどちらかといえば、音は豊麗だし、音楽的には甘美に傾いている。

だが、たとえば、このレコードで、《ペレアス》をきいた人は、どうして普通のオーケストラが、こんなにきれいな曲を、もっと度々とりあげないのか、不思議に思うほかないだろう。それは、シェーンベルクといえば、いつもつきもののあのきき手をよせつけない、禁欲的で難解な苦々しさがあるからではなくて、よい演奏をするのが、とてもむずかしいからなのだ。逆にいえば、みんながもう少し頑張って努力すれば、シェーンベルクたちにも、こんなにおもしろい曲がまだ幾つも残っていたのだと気がつくはずだ。

とはいえ、それが簡単なことだとは、私もいわない。《浄夜》は、もう、みんなになじみになった曲である。シェーンベルクは、これをもともとは弦楽六重奏として書いた。それをこのごろは弦楽合奏でひく。つまり、さっきふれたソロイストだけをそろえてひいてもらいたいと考えた曲が、室内楽としてではなく、大編成の弦楽の音楽として、ひかれ、かつきかれてきているわけだ。だが、人数がふえて、しかも、室内楽的細緻と表現の密度の高さを失わずにいて、しかも弦楽合奏としての強さ、迫力を合わせもった、本当によい演奏となると、実は、たまにしかない。そのたまにしかない演奏が、ここにある。ベルリン・フィルだからできたのだという言い方もあるだろうが、カラヤンは、ちょうど、R・シュトラウスを当代無類の卓抜な演奏できかせるのと同じように、《浄夜》や《ペレアス》をやっている。

ベルクも、予想通りの名人芸である。それにこういう音楽となると、カラヤンは、かえってベームほどロマンティックな、こってりした音楽にしない点が、注目をひく。ベームのベルクは、かつて《ヴォツェック》があったし、そのあと《ルル》も、私はベルリン・ドイツ・オペラできいた。東京にももってきたが例のユーゲント・シュティールの純白の装置のゼルナーの新演出による初日の舞台でである。例のベルクがついに書き上げずに死んでしまった終幕については、ゼルナーは《ルル》交響曲の中のアダージョにパントマイムをつけて演出していたが、この時のベームの指揮は、彼がヴァーグナーをやる時よりずっとロマンティックだった。私は、きいていて、胸が痛くなったものである。

カラヤンのベルクは、そういうベルクではない。もちろん、作品六にしろ《抒情組曲》にしろ、《抒情》を生命とした音楽であり、それがここに欠けているわけではない。だがカラヤンのは、音の造型において、はるかに明確だ。それを通してスコアもずっと透明に――ベルクの作品六のこんなに複雑を極めたスコアについて「透明さ」を語るのは滑稽みたいだが、しかしほかのどんな演奏より、よくわかる。もしこれを超えるものがあるとしたら、それはかつてのブーレーズの指揮によるものにその可能性があったろう。だが、ブーレーズには、今度はパートスの厚さが欠けていたろう。それに反して、ここでの作品六の演奏などベルク的綿密画様式で書かれた音楽を演奏する一つの極点といってよいだろう。しかもカラヤンは、ここで、ベルクがスコアに記入している主声部、副主声部といった記号についても、まるで忠実な学生のような厳格さでこれを遵守している。

その点でこのレコードの《抒情組曲》の演奏は、すごい。特にアレグロ・ミステリオーソとアダージョ・アパッショナートの二つの楽章。このアレグロについては、もう十年以上前二十世紀音楽研究所の仲間と軽井沢で現代音楽祭を開催していたころ、一九五七年の第一回でだったか、パレナン弦楽四重奏団の連中が軽井沢まで遊びにきて、《抒情組曲》を演奏してくれた時のことを思い出す。あの時、私たちは、彼らがこのアレグロをとんでもない速さでひくのに驚嘆したものだ。しかし、このレコードでは、その速さと、あの時を超えるとも劣らぬ一つ一つの音の確かさで、すべてがひかれているのである。しかも、ここは、弦楽合奏である！　この楽章はミステリオーソと呼ばれるにふさわしい、背後世界から吹いてくる風の不気味さを感じさす。だが、つぎのアダージョ・アパッショナートは、さらにそれを越す出来栄えだと思う。ことに終りの二十五小節ぐらい。フェルマータや休止符を細かくはさみながらモルト・トランクイロ、モルト・ペザンテ、モルト・アダージョと結びに向かってゆく箇所。ここではほとんどすべての音が機能として全体に仕えているとと同じくらい、かけがえのない音としての表情で光っている。第四十六小節から五十小節にかけての、第二ヴァイオリンが「完全に自由にレチタティーヴォ的に」ひくところなど、一度きいたら忘れられない。最後のヴェーベルン。この三人の中で、最も特徴のあるのはヴェーベルンであろうか。作品五の《五つの楽章》は、これも元来が弦楽四重奏用のを弦楽合奏でひいているので、すべてにおいて拡大鏡で眺めたような印象を与える。しかし、何よりも特筆すべきことは、こうしてきくと、ヴェーベルンが、決してピアニッシモ・エスプレッシーヴォの作曲家でなく、ダイナミックで、しかも精彩のあるエスプレッシーヴォの音楽を書いたということが、疑問の余地なく、はっきりしてくることだろう。それに、五つが五つ、実に生き生きとして、むだのない音楽である。この作品五ではかつてジュリアード弦楽四重奏団の凄烈といってよい名演レコードがあった。それに対しカラヤンとベルリン・フィルのは、より重厚味と抒情味を加えている。

作品六の《六つの曲》に至っては、私は、これとくらべて語れるようなレコードをきいた覚えがない。かつてのクラフトのものなど、まったく同日の談ではない。まったく何というソロイスト揃いのオーケストラだろう！　金管が集まってつくる和音のよくそろっていること。これが不協和音なのだから感心してしまう。

この二曲をきけば、ひところ、みんなが信じていたヴェーベルンは、精妙ではあるが、表情という点では不気味なくらい、無機的な冷たい音楽を書いた人。彼はベルクより、シェーンベルクより、十二音技法による音楽はそういうものであり、新しい言葉でもって、それにふさわしい音楽を書いた人だったという考え方は——私も、みんなといっしょにそういう紋切り型をくりかえしていた——、こういう演奏をきいていると、いかに間違いだったかはっきりしてくる。ヴェーベルンは、ほかの音楽家たちと同じように、表現のために音楽を書いた人であり、彼の音楽には無機的な書き方をしている頁など一つもないのである。このころは、ことに近年になって、彼が若いころ書いた歌曲(フィッシャー゠ディースカウがレコードに入れていた)や、室内楽(これもラ・サールだったかが、レコード化していた)がつぎつぎ発売されるようになるにつれて、ますます、みんなの目にさらされて来たことである。ヴェーベルンは、本質的に、純正な抒情家だったといっても間違いではないだろう。ただ、彼の抒情は、いかにも清らかだ。手垢の全然についてない、まるで今生まれたばかりのように新鮮で、柔らかで、細かい艶をおびている彼の書法が、作品五や六にはある。

もうひとつ、このレコード・アルバムの収獲は作品一の管弦楽のための《パッサカリア》である。こうしてきくと、この曲も実におもしろい。シェーンベルクの《ペレアス》やベルクの《三つのオーケストラ曲》と同じように、この曲もまた、なぜ、交響楽団の演奏会に普通のものといっしょに、どんどんとりあげられないのか、不思議というほかない音楽である。

こういうものをやってくれたら、私は、レコードばっかりきかないで実際の音楽会にも、もっとせっせと通うようになるかも知れない。

カザルスの死とカラヤン

十月は重要な演奏会が後半に集中したうえに、カザルスの死もあり、展望の執筆がおくれた。

カザルスの死は、音楽家のそれを扱う場合としては、珍しく日本の各新聞が大きく扱っていた。「世紀の名人」であり、ファッショぎらいの精神を貫き通し、国際連合に人類平和と国際正義の維持の希望を託した偉大なヒューマニストという具合に。そのうえに、彼があと二カ月で九十七歳になるという大変な長寿を保ち、実に六十歳年下の夫人にみとられて、功なり名とげての大往生という話まで書きそえられていた。

カザルスは、だが、どういう名手だったか？　要は、彼はチェロを、コントラバスの小型で合奏には不可欠だが、ひく人は必ずしも自由に扱うとは限らず、ことに音程はとかく不正確な楽器——あのほとんどすべての楽器のために協奏曲を書いたモーツアルトが、この楽器のために書くのだけは断念したのは、そのためだという説もあるくらいだ——から、ヴァイオリンを大型にしたもの、つまりりっぱな旋律楽器たりうることを実証してみせた人だといえばよかろうか。カザルスが出て、楽器の世界におけるチェロの位置づけは革命的に変わった。

では、どんな音楽を彼はやったのか？　彼はチェロの主要なレパートリーは全部消化したが、特にバッハとベートーヴェンにすぐれていた。ダイナミックで重厚で、音の質の洗練より、むしろ力強い率直さ、質実と剛気に支えられた朗々たる歌がよかった。彼のひくベートーヴェンの『第三番チェロ・ソナタ』は、まず何よりもきくものに勇気と——それから素晴らしいことに《慰め》を——与える音楽になった。こういう意味の英雄的スタイルの演奏でこなしきれなかったのは、モーツァルトだったろう。彼は晩年さかんに指揮をしたが、そういう時、たとえば彼のやるモーツァルトの『ジュピター交響曲』は、微笑と軽くひるがえる裳裾をおきざりにして、四角く築き上げられた王座のまわりを重々しい足どりで堂々めぐりする神の王者みたいになった。

もちろん、バッハとベートーヴェンがあれだけひければ、十分巨匠の名に値する。おそらく、どんな時も表現の真実を離れないという十九世紀のヴィルトゥオジテの最良の目標と、技術の卓越と正確な適用という二十世紀の客観主義が、かなり理想的な結びつきをしたところに、カザルスがいたというべきだろう。

ここから生まれる表現の力強さ、ダイナミックの尊重がしだいに失われているというのが現代の演奏の一つの特徴かもしれない。それを音楽家個々の精神的欠陥とみるのはまちがいではないか？　というのが、私の考えである。

十九世紀、ことにその後半は「力は正義なり」と「正義は力なり」とを調和させようとした時代だった。そこでは真のヴィルトゥオーゾは、文字通り、力（能力―美徳）の持ち主であり、彼こそ正しい音楽をやるべく選ばれた人間だった。二十世紀は、ことに今私たちの生きているこの世紀の後半は、力と正しさを結びつけようとする論理に非常な不信を抱き、克服しがたい嫌悪さえ感じている時代ではなかろうか。控え目にいっても力一般に対する信頼、賛仰が根本からゆるがされている時代ではなかろうか。力はまず不正を連想させやすいのである。もちろん、これは一方では、現実に、十九世紀にくらべ、力が飛躍的に強大となり、もっと露骨に誇示され行使されているという事実を否定するものではない。それどころか、両者は切りはなせない関係にあるのだろう。そういう時代が、ちがう名人と音楽を生むのに不思議でないどころか、むしろ、そうでなければ、音楽は呼吸するのをやめたのではないかと、精密な診察にかけるほうが急務なのである。

こういう大風呂敷を、個々の音楽家の仕事に直線的に結びつけることの愚かさは、私も知らないではないのだが、実は話は逆の順序から、私の頭にのぼってきたのだ。

今日本にはベルリン・フィルと同行してカラヤンが来ている。その東京公演の初日と二日目を私はきいた。初日、彼らは日独両国の国歌からはじめたのだが、私はあの『ドイッチュラント・ユーバー・アレス』の歌があんなに平明淡泊、ほとんど何の強調もなしにひかれるのをきいたことがない。明らかに――少なくともカラヤンは――この歌に共感をもたず、いやいや指揮しているのである。カラヤンが肩を怒らせて音楽をするのとは正反対のタイプであることは前からはっきりしていた。しかし、プログラムの初めにおかれたベートーヴェンの『第六交響曲』も、特に、その第一、第二楽章はかつてとは本質的な違いがあった。前にカラヤンでこの曲をきいた時は『田園』といっても、簡単にいえば、最新型スポーツカーで田野を颯爽と走りぬけるような趣があった。それが今度は、低公害車というのか、自然の中の小さな動物たちを脅かさず、植物に危害を加えまいと用心に用心を重ねて走っているような演奏だった。といっても、普通の演奏にくらべれば依然速いことは、速いのだが。

そのかわり音の透明さは室内楽的清澄度に達している。たっぷり弓をつかったレガートのテヌート奏法を主とした平滑な弦楽で織られたテクスチュアの中で、木管や金管が微妙な音の模様を描いたり、浮き出させたりする。ホルンの組成する和音が、自由にのびのびと呼吸しているのも、手にとるように見えてくるといったありさまである。いつものことながら大変な力量のオーケストラであり、それを使って、カラヤンの考えているものは、無重力状態といえば語弊があるが、下からの支柱によるのでなく、いわば声部たちが互いによりあって支えながら、つくり出している、流れる音の球体のようなものではなかろうかという気がしてくるほどであった。

二日目のブルックナーの『第七交響曲』も、これとの関連からみるべきように思われた。カラヤンという人は、ベートーヴェンだと速めのテンポをとるくせに、ブルックナーになると、逆に目立っておそくなる。そうしておいて、楽器たちをまるで管弦楽のための楽劇の中の登場人物たちのように扱い、存分に歌わすのである。とくに大河のような第一、第二楽章でのテンポの遅さは格別で、ブルックナーのことだから音が極端な分厚さをもつのは当然だが、そういう中でも音楽は、機会さえあれば、前進をやめて立ちどまり、祈りとか省察に深入りしてしまうといった風情なのである。もっとも、それとの対照で急激なスケルツォで、短いがしつこく反復される主題が、トランペットにはじまって各楽器の間でリレーされ、投げつけられ、はこばれるさまは、まるで世界的サッカーチームの試合運びをみるような楽しさだったが。

カラヤンは今年六十五歳。指揮者としてはまだ壮年である。だが今度の公演で、あのある時は華麗、ある時は細身の剣のように鋭い音楽を作っていた人が、静観と省察の音楽に顔を向けつつあるのをみていると、彼は、一種の晩年のスタイルへの入り口とでもいったところにさしかかりつつあるのかなという気がしてきた。と同時に、これはまた、彼の個人的な変化というだけでなしに、世界の音楽界の底流で動いているものが、ここに、こういう形で顔をのぞかせているのではないかという印象も抱かされたのである。

　東京には、これとほぼ同時にドレースデンの国立オペラ管弦楽団が来ている。これまたすばらしいオケで、音色こそ地味ではあるが、柔らかくて無理のない、本当に音楽的な協和を感じさす。これに同行してザンデルリンクという指揮者がきているが、この人には、カザルスのような高さの欠けた、硬直した——つまり外面的なダイナミックの追求に躍起となっているところがあり、私は閉口した。これを現代この種のスタイルを追うことがいかに困難かということを端的に現わしたものであり、こういうスタイルには、もう、必然性が乏しいのだといってしまうのは、早計だろうが、しかし……。

カラヤンと老い

今月は恒例の「今年のレコード」選びを。

ところで今年のベルリン・フィルの来日公演では、カラヤンの不調ぶりが話題になった。ステージの出入りさえ不自由そうだったとか、大阪では曲目を思い違って、別の曲をふりはじめたとか。かつての、まるで永遠の青年であるかのような颯爽とした身ごなし、軽快で的確そのもののような指揮ぶりを知るものには、噂をきくだけでも痛々しい話である。ただ、演奏そのものは、むしろ、よかったという声の方が多いようだが、逆の批評もある。私は都合できけなかったが、カラヤンは数年前に背骨か腰骨の大手術を受けて以来、回復がはかばかしくないというのは、今にはじまった話ではない。今年七十六歳。ベームに比べればまだ老いこむ年齢ではないともいえるが、この年になれば、誰もが指揮の烈しく重い労働に耐えられるわけではない。

だが、問題は、むしろ従来のカラヤンの芸風からみて、あの人が果たして人間精神の発展の最後に残された段階にゆきつくかどうかだろう。彼のように、感覚面での抜群の冴えと音楽のスポーツ的力学的側面での優秀さの点で秀でていた人にとって、肉体の衰えに反比例して、英智・情緒・感覚の間の最後のバランスのとれた状態が再構成されるという現象がみられるかどうか。

私など、自分も知らぬ間に年をとってきている間に、「老いる」というのが決して生やさしいものでないのを、時と共に、痛感せずにいられなくなった。「経験によって磨かれた知性の高みから、人の世の営みを達観する老人の目」であるとか、「老人の白髪をいただいた頭の中には若い人に望むべくもない知恵が累積されている」とか、そんなイメージは、だんだん信じられなくなる。むしろ、その「老いたる賢者」の代表的存在みたいなゲーテその人が「老人とは、青春と壮年の痴愚をそのまま持ち続け、その上に老人の虚栄心が新しくつけ加わった存在である」といった、その言葉のもつ苦い真実こそ、思い当たるのである。

それに、ひとのせいにするわけではないが、現代という時代そのものが「老い」というものを、かつてみんなが抱いていたイメージに近づくのを非常にむずかしくしている。老いてもなお許される――いや、求められる行為の領域がどんどん大きくなっているのも、老人の虚栄心をいっそうあおりたてる。

カラヤンほどの人にしても、いや、彼が長い間時代の寵児であり続けたということが、かえって、彼に老いることをむずかしくする。肉体の非力化の実感が、この人をますます拡大する行動の領域に誘いこみ、かり立てる。最近のベルリン・フィルとの不和といい、CD（コンパクト・ディスク）からヴィデオ・ディスクその他の音楽の複製化の手段への関心の増大といい、この人の姿をみていると、この人には、人生の最後に来る老熟による浄化への接近より、老人の虚栄心の肥大化の餌食となる可能性の方が、ずっと大きいのだ、という気がせずにいられなくなる。これが、最近の私のカラヤン観の方向だった。

ところが、そうではないのだ。カラヤンも、ついに、ひとつの「老いたる巨匠の様式」を達成するところまできた。少なくも、その一端を示す演奏の記録が生まれた。「今年のレコード」は、まず、これから出発しなければならぬ。

昔から、この人はR・シュトラウスを扱うのに優れていた。何よりも音色を重んじ、フレージング――いってみれば、文章の句読点に当たり、楽句の論理的知的意味をはっきりさす上で最も重要な点――の処理で、とかくあいまいな点をのこす傾向がある半面、そのために、肌ざわりの滑らかでこまやかな音楽をつくる上で、比類のない天性をもっていたので、シュトラウスの、ちょっと比較する人がいないくらい息の長い旋律を発明する力をもち、終わりそうでなかなか終わらず、一つの調子からほかの調子に横すべりに移ってゆくようにつくられた音楽は、彼にぴったりだったのだ。

大本をいえば、以上のようになるが、そのカラヤンのシュトラウスの演奏にも、変遷がある。日本でも音楽好きから、この上なく愛され珍重されてきた『ばらの騎士』の映画。あれはシュヴァルツコプフを筆頭に当代の名歌手の絶唱がきかれるからであると同時に、カラヤンのこの特質があますところなく発揮された名演奏が土台にあるからだった。あれこそは、優美と透明な音づくりの名人芸の総合の上にたち、覇気満々脂ののりきった天才音楽家の指揮ぶりの記録にほかならない（老いに近づきつつある女性の悲しさを心憎いばかりに音にしたこの傑作が、まだ四十代半ばをすぎたかすぎないかの作曲家の手から生みだされたことを忘れてはいけないだろう）。

カラヤンはここ数年、ザルツブルクの音楽祭で『ばらの騎士』をふり続けてきたが、今度そのCDが出た。実況録音ではないが、一九八二年と八三年にかけて製作され、歌手の配役（トモワ＝シントウの元帥夫人、バルツァのオクタヴィアン、ペリーのゾフィー以下）もオーケストラ（ヴィーン・フィル）も同じである。

この演奏は映画の時とは違う。それは第一幕の終わり（オクタヴィアンとの対話を交えた元帥夫人の長大な述懐）、それから終幕の大詰め（以上の二人にゾフィーを加えた三重唱、最後の若い二人の二重唱）とに集約的に出ている。おそい速度の上で、延々としてくりひろげられる音楽は、文字通り、心の底からつき上げてくる悲しみ、あるいは心の底からにじみ出てくる愁いに彩られている。こういう悲しみはきくものの心を動かさずにはおかない。それに、ここには、どんな人間も逃れられない「時間」というものの力――私たちを生み出し、育て、やがて老いと衰えに導いてゆく力の存在を体験する時、私たちみんなが感じる、その味わいそのものが流れているのである。

カラヤンは、時々、「時間の歩み」をとめたがっているのではないかと思われるような遅さと「休み」をつくり出す。それから彼は、主として木管やチェレスタから組み立てられた不協和音を鋭く強調する。それをきくと、あの甘い歌の連続でしかないような音の流れの最中に、突然心の痛みが帰ってきたか、身体のきしみが急に意識されたかしたみたいな感じを受ける。と同時に、この痛みやきしみは、シュトラウスの華麗なオーケストレーションに支えられ、不思議な快感、はては心の安らぎにさえ、転移してゆくのである。傷の痛みが、ある瞬間から、痛いからこそはじめてわかる快さに変わるように。あるいは敗北してからはじめてわかる深い安堵のように。

カラヤンはここで、この人の最近の状態まで来てはじめて可能になった演奏をしている。そうして私は、これを稀代の名演と呼ぶのをためらわない。

歌手では特にバルツァが秀逸である。彼女はまた『セビーリャの理髪師』でも特筆に値する名唱をきかせる。そのCD以下、『ばらの騎士』以外の「今年のレコード」については、来月続けることにしよう。

（一九八四年十一月十五日）

カラヤンの死

カラヤンと同じころローレンス・オリヴィエが死んだ。私のみた限り、それを扱った文章は、ほとんどみんな、この英国の名優の芸を語るのに終始していた。が、カラヤンの場合はちがう。まるでちがう。西独の代表的週刊紙『ディ・ツァイト』（*Die Zeit*）を要約してみようか。

「この人ほど音の美しさに敏感で、それを極点まで追い、実現する力量をもった人はいなかった。その点、彼が今世紀きっての大指揮者だったことを疑うものはいない。だが、この稀有の才能も結局音楽を袋小路に導いてしまった。それに彼が真剣な関心をもち続けた音楽の複製工学の進歩も、音楽の民主化に役立つよりも、彼個人のあくなき権力志向、音楽市場に君臨しようという欲望の手段になりさがった。」

「カラヤンは音楽の偉大な伝統を金貨に変え、音楽経験を高価な消費財の享楽にすりかえたとして、猛烈な非難攻撃をうけたが、それを通じて、ほかの誰よりも時代の動向、現代社会の性格を象徴する芸術家になったのだ。」

私はこれに大筋で賛成する。逆にみれば、文句の余地のない名指揮者で終ったら、カラヤンはカラヤンではなかったことになる。

彼の経歴には何か不透明なものが残る。特に政治的には、ナチに二度も入党したりして（それで誰かを迫害した証拠もなかったそうだが）いちばん控えめにいってもオポチュニストと呼ばれても仕方あるまい。個人的欲望も巨大で、どこにいっても最高の地位、無制限の権力をほしがり、結局喧嘩別れに終る。

しかし汚点のついた生涯、欠点の多い人だからといって、その人の芸術を悪ときめつけるわけにいかない。芸術は生活あってのものだが、人生が限りないように、芸術の根も深く微妙に大地に根をはっていて、芸術と人生の関係はとても簡単には割りきれない。

ヴァーグナーを思い出そう。彼は一生借金に借金を重ねながら、贅沢を愛し、女を愛した。それも政治犯として国外逃亡の身をかくまってくれた恩人の妻を愛したり、親友の妻を奪ったりした。また彼の夢を実現させたいばかりに王位を賭けた青年国王の退位においこまれる原因となった。その上、まわりに有能で献身的なユダヤ人音楽家が何人かいるのに、反ユダヤ主義の文書を発表して得意だった。

そういう人、そういう人の音楽が悪意むき出しの攻撃や、批判の十字砲火を浴びたのは当り前だ。だが、私たちは彼の音楽が人類最大の芸術の一つであるのを否定できない。

私は一九五四年の秋はじめてベルリンのカラヤンを体験した。音楽堂が戦争でやられていたので映画館が会場だった。悪夢のようなナチと徹底的敗戦のあと、前途に希望がなく、不自由で重苦しい生活にあえいでいた人たちに、カラヤンの「流線型」の快いテンポと贅肉をみんなきり落し、すっきりした『田園交響曲』とモーツァルトの交響曲の演奏が、どんなに気持ちよく、新しい何かの前ぶれみたいに響くか、よくわかった。私は、偶然その年の春パリで、続けて夏ザルツブルクで、フルトヴェングラーをはじめてきいて、深刻で悲愴なベートーヴェンに打たれたばかりだった。この巨匠のおそめのテンポと、片足をひきずるような不規則なリズムは、カラヤンとは正反対だった。

カラヤンのスタイルはその後変りもしたけれど、彼を大向う目当ての虚しい華麗さを狙ったものと呼ぶのは余り正しくない。むしろ、彼は肩の力をぬいて楽々と自然体で演奏するタイプだった。そのため大作、力作をやると、淡々としすぎて拍子抜けする場合もあったくらいだ。反対に、この自然体で、世界一の性能を身につけたベルリン・フィルハーモニーと、たとえば『展覧会の絵』などやった時に、きくものの度肝をぬくような名演が生れるのだ。ムソルグスキーよりラヴェルよりの音楽といえようが、今世紀の管弦楽演奏の一つのクライマックスといってよかろう。

カラヤンのオペラもそう。彼を論じてオペラにふれないのでは、世界に通じない。オペラでもよく独裁的だとかオーケストラを歌手の前に押し出しすぎるとか言われるが、彼本来の姿はベルカントのつぼを完全におさえ、その美質を最高に発揮さすための行き届いた指揮にある。フレーズの切り方一つみても、よくわかる。一九五九年ベルリンでカラスが『ランメルモールのルチーア』をうたった時、あとでカーテンコールに出て、感激のあまりカラヤンの前にひざまずき、手に接吻して名指揮に感謝し讃美した逸話一つとっても充分ではないか。あの誇り高きプリマ・ドンナ、今世紀最高の歌手がそうしたのだ。そのカラスとの『蝶々夫人』、シュヴァルツコプフらとの『コジ・ファン・トゥッテ』、同じく『ナクソス島のアリアドネ』などは今も名盤が残っている。最後の曲ではリタ・シュトライヒのツェルビネッタも絶品である。柔らかな色気、気品、余裕たっぷりの正確、精密さ。こういったすべてを合わせた歌いぶりと、それを支えるカラヤンの妙手。

七〇年代主としてベルリン・フィルハーモニーを使ってオペラをやるようになってからは、オーケストラの響きを重視する彼の行き方は、プッチーニものにさえ、なみの指揮者には望むべくもない音の厚みを与え、それが劇に奥行きを与えることになった。ましてヴァーグナー、シュトラウスに至っては……。

一九六七年から始まった春のザルツブルク音楽祭では、私は二年目の『ラインの黄金』をきいたが、この曲でオーケストラがこんなに室内楽みたいな透明さと密度で鳴った例が以前あったろうかと思ったものだ。ヴァーグナーではかつての『ニュルンベルクのマイスタージンガー』もよかったが、七〇年代の『さまよえるオランダ人』など序曲をきいただけでも「悪魔的魅力」でぐいぐいひきこまれる。

カラヤンの合せる技術のすごさは、協奏曲でも同じである。一九七五年のロストロポーヴィチを起用した『ドン・キホーテ』のＬＤをみると、ベルリン・フィルハーモニーをバックに、この両人の白熱の手合せをたっぷりみられる。

六〇年七〇年代の彼のベートーヴェン、ブラームスなどなど。たしかにカラヤンは私欲の塊だったかもしれないが、彼の方からも世界に多くを与えたのを忘れてはなるまい。

大怪我のあとのカラヤン。あのダンディが見るもいたましい舞台姿をさらすようになって以後のカラヤン。ベルリン・フィルハーモニーとの間に緊張が高まるのも、身体の自由を欠いて、練習回数がへり、指揮そのものも、かつての精緻から簡略、時には妙にあいまいなものに変ったのと無関係だったはずはない。

それでも最晩年のカラヤンには不思議な輝きの演奏がみつかる。一九八五年（七年でなく)『ドン・ジョヴァンニ』の序曲。同じ年同じザルツブルクでの『ドン・カルロ』(この時のバルツァの凄絶を極めたエボリ公女)等々。

東京での最後の公演できいたモーツァルト『交響曲二九番』も忘れられない。弦を目いっぱい使いきり、数えきれぬほどの明暗のひだをつけて、ゆったりと歩いていったアンダンテ。

あの人が音楽再生工学の進歩に全身的に協力したのは間違いでもむだでもなかった。早い話、音楽再生工学の発展なしに、(私も入れて)世界中のフルトヴェングラー賛美者はお手上げだ。

最後になったが、六〇年のザルツブルクでの『ばらの騎士』の舞台を映画化したもの。あの中のシュヴァルツコプフらの歌と姿、棒をふるカラヤンの無類のみずみずしさ。あれは今世紀でいちばん美しい『ばらの騎士』のドキュメントとして、今後なくなることなど想像できないのではないかしら。

(1989.8.24)

●解説――

吉田秀和とカラヤン　同調・共鳴した人生と創造

近藤憲一

本書は、わが国の音楽評論界において富士山を思わせる「孤峰」的存在であった吉田秀和が、世界の音楽界に「帝王」として君臨した指揮者ヘルベルト・フォン・カラヤンについて記した論考をまとめたものである。

吉田秀和とカラヤンの人生と創造行為は、クラシック音楽を触媒にして、常にシンクロナイズ（同調・共鳴）していたように見える。吉田は一九一三年生まれ、カラヤンは一九〇八年生まれ、五歳違いである。二人が生を受け、成長した時代は〝戦争の世紀〟と呼ばれる二〇世紀の前半。音楽の世界も時代の荒波に翻弄されがちであった。カラヤンは十九世紀までのドイツの高潔な精神主義の、吉田は大正時代の旧制高校的な教養主義の洗礼を受け、その果実を精神の栄養として成長した。しかし、二人はともに、戦前（一九四五年まで）は、いわば〝雌伏の時代〟を送った。

そして、終戦すぐの一九四六（昭和二一）年、まったく同じ年に吉田秀和とカラヤンはともに雄飛を始める。第二次世界大戦中の数年間不遇だったカラヤンは、連合国軍当局によるドイツ＝オーストリア国内での指揮活動禁止命令を受けながらも、一月にウィーン・フィルを指揮して活動を再開した。吉田秀和は初の音楽評論を発表して、その後六十年以上続く執筆活動を開始した。カラヤンが指揮したレパートリーは、バッハから近現代の新ウィーン楽派とリヒャルト・シュトラウス、バルトークあたりまでだったが、吉田が論評の対象としたのもほとんど同じで、バロック以前と二十世紀中葉以降の前衛的な現代音楽は、ほぼ省かれていた（もちろん、吉田は現代日本の作曲家の創造にも強い関心を抱いて、積極的に紹介したことは周知のとおりだ）。そのような状況のなか、吉田秀和にとってカラヤンは、常に評論・批評の対象であり続けた。それが本書に収録された吉田による二十三編の「カラヤン論」に刻印されている。

吉田秀和が初めてカラヤンの実演を聴いたのは、一九五四年九月二十三日ベルリンにおけるベルリン・フィルだった。曲目はモーツァルトの《交響曲第三九番》、バルトークの《ピアノ協奏曲第三番》（独奏はゲザ・アンダ）、ブラームスの《交響曲第一番》。そのカラヤン初体験を一九六二年にこう記した。「モーツァルトをきいただけで、わたしはカラヤンに感心してしまった。今でも覚えているが、カラヤンの演奏には、モーツァルトを、こういじる、ああいじるという作為の跡が少しもなく、むしろ、モーツァルトに導かれて、それに忠実に演奏するよう心がけているとでもいった趣があったのである。それにもかかわらず、今から思うと、それがあまりにも隙なく見事にまとまっている姿をとるにいたっていただけに、かえって、そこからあらかじめ用意された写真の像が鮮やかに浮かび上がってきたといってもよいような、そういう矛盾した感想を与える余地があったことも事実である」。そして一九六二年、再びベルリンでベルリン・フィルを指揮した演奏を聴いた頃、ヨーロッパの音楽界にカラヤン・フィーバーが巻き起こっていた。それに触れて吉田は、「どうしてカラヤンにそんな人気があるのか、もちろん素晴らしい指揮者だからである。彼の特徴の最大のものは、オーケストラの音の途方もない洗練、旋律の歌わせ方と劇的な盛り上がりとの組み合わせ、緩急のとり方などが水際立っている点にある。ただ彼の演奏会は、ときに、スターの悲惨を痛感させることがある」と、すでに最晩年のカラヤンの悲劇を予感しているようである。

　これら壮年時代のカラヤン論評において、吉田秀和の音楽に対する姿勢、評論・批評を書くうえの基本的なスタイルがすでに確立されていたことが窺える。吉田がある作品の、ある演奏について記す態度は、緻密な楽曲分析を基底に置いて、その作品の本質をとらえる知力、演奏の本質を見抜く聴力と洞察力がすばらしく、加えて他の指揮者たちの演奏について論述していくのも、時に文芸時評や社会時評を交えるのも、吉田の評論・批評の真骨頂であった。それらを文章で表すとき、まず自分が好きか好きではないか、理解できるかできないかを明快に表明して、緻密な解析、丁寧な説明を展開させた。その姿勢は終生変わることがなく、主観を客観化することに優れたセンスを発揮した。

それはカラヤンの音楽に対する態度に共通している。吉田のカラヤンの演奏について、前出のモーツァルトに加えて、「ヴァーグナーが不世出の天才を傾けてかいた『ニーベルングの指環』のあの絢爛豪華な管弦楽が、弦楽四重奏か何かのような透明さをもち……」、「ドビュッシーの『ペレアスとメリザンド』は、室内楽みたいに、透明精緻な音の織物になっていた」、マーラーの『交響曲第五番』については、「正に人間と馬が一体となった、見事な疾駆ぶりである」と記した。そして、「カラヤンはあらゆる作品を純粋音楽と捉え、個人的な感情・感性を通さないことが多かった」、「カラヤンで最も特徴的なのは、音の響きの洗練で、これは驚異的な高さに達している」と看破した。

これらは、一九五五年から亡くなるまで四十年以上にわたって、カラヤンの手兵を務めたベルリン・フィルとの演奏に関する評言で、片山杜秀氏曰く、「驚嘆すべきパワー、精密機械のような機能性を誇る天下無双のベルリン・フィル」を得て、ゴージャスな〝カラヤン・サウンド〟を創造して壮麗な「カラヤン帝国」を築いていったことを客観的に評価し、肯定している。カラヤンに関して、NHK交響楽団コンサートマスターの篠崎史紀氏が十年ほど前に語った言葉は、至言である。「僕はカラヤンを大尊敬しているけれど、指揮者をダメにしたのは、実は彼なんです。カラヤンは全てが揃った指揮者でした。楽譜が読める、作曲家の意図を汲むことができる、棒が振れて、政治的能力があり、財力もあり、カリスマ性もあった。カラヤンはすごいけど、彼を真似した人たちが、指揮者をダメにした。」

カラヤンの全盛期、日本でも一部の評論家や聴衆の評価に毀誉褒貶と好悪はあったものの、吉田にとってカラヤンは、カラヤンが亡くなる一九八九年に没するまで、常にその動向を注視し、演奏を聴くべき指揮者であり続け――実際に、一九五七年から八八年までのカラヤンの日本公演のほとんどに出向き、日本で最も売れたという膨大な量のLPレコードとCD（総タイトル数は五〇〇を超す）の多くを聴いていた――、折に触れてカラヤンに関する論考を発表した。

しかし、当のカラヤンは、一九八〇年代、七十歳を過ぎた頃から精神と肉体の衰えが顕在化し、ベルリン・フィルとの間に不協和音が生まれて、帝王の威光が薄れていった。それを吉田はこう記した。「両者の仲が決定的に悪くなり、縁が切れてしまったのだとすると、やっぱりさびしいことである。私には、いままでいろいろと楽しませてもらった両者の組み合わせの演奏のあれこれを思い出し、なかで特に印象の深かった時のことを、哀惜する気持ちの方がずっと強い」と、同世代のヒーローを労《いた》わるようである。そして一九八九年にカラヤンが没したあと、「カラヤンのスタイルは（一九五四年に初めて聴いて以後も）変りもしたけれど、彼が大向う目当ての虚しい華麗さを狙ったものと呼ぶのは余り正しくない。むしろ、彼は肩の力をぬいて楽々と自然体で演奏するタイプだった。――あの人が音楽再生工学の進歩に全身的に協力したのは間違いでもむだでもなかった」と全面的に擁護・理解しつつ追悼したように、吉田にとってのカラヤンは、単なる帝王やアイドルではなく、終生にわたって同時代人であり、連帯すべき音楽の同志だったのかもしれない。

吉田秀和はカラヤン没後も、『永遠の故郷』を上梓する二〇一一年まで著作活動を精力的に続けた。時代が生んだ不世出の天才指揮者の生涯と芸術について綴った本書は、吉田が残した著作として、不滅の価値を有するもののひとつとなるだろう。

（音楽評論家）

●出典一覧――

「カラヤン登場」（『悲劇喜劇』一九六六年五月号）

「人気の秘密」（『読売新聞』一九六六年四月十二日／『吉田秀和全集13』白水社、一九七九年六月）

「カラヤン」（『世界の指揮者』ラジオ技術社、一九七三年四月／ちくま文庫、二〇〇八年三月）

「モーツァルトの演奏」（「東芝ＦＡＣ七七ー一二〜一四」ライナーノート／『全集13』同前）

「カラヤンのモーツァルトで……」（『ステレオ』一九七二年七月号／『モーツァルトをきく』ちくま文庫、二〇〇八年八月）

「カラヤンとディヴェルティメント」（『レコード芸術』一九六九年五月号／『今日の演奏と演奏家』音楽之友社、一九七〇年八月）

「カラヤン／ベルリン・フィル　モーツァルト『ディヴェルティメント第15番』他」（『音楽の時間＊ＣＤ25選』新潮社、一九八九年十二月／『全集21』同前、二〇〇二年十二月）

「カラヤン／ベルリン・フィル／レイミー、バルツァ、他　モーツァルト『ドン・ジョヴァンニ』」（『レコード芸術』一九八七年二月号／『モーツァルトをきく』ちくま文庫、二〇〇八年八月）

「カラヤンのベートーヴェン」（『藝術新潮』一九六三年六月号／『全集4』同前、一九七五年三月）

「ベームとカラヤン――ベートーヴェン《ミサ・ソレムニス》」（『ステレオ』一九七五年十月号／『レコードと演奏』音楽之友社、一九七六年八月）

「オペラ指揮者としてのカラヤン――ワーグナー《指環》をめぐって」（『レコード芸術別冊〈オペラへの招待〉』一九七〇年一月／『今日の演奏と演奏家』音楽之友社、一九七〇年八月）

「ザルツブルクの復活祭音楽祭――カラヤンとバーンスタイン」（『藝術新潮』一九六八年六月号／『ヨーロッパの響、ヨーロッパの姿』新潮社、一九七二年八月／中公文庫、一九八八年二月）

「カラヤンのヴァーグナー『パルジファル』」（『レコード芸術』一九八一年七月号／『レコードの四季』音楽之友社、一九八三年五月）

「ブルックナー再説――カラヤン、シューリヒト、ショルティ」（『レコード芸術』一九六九年十一月号／『今日の演奏と演奏家』同前）

「古くて新しいロシア人――カラヤン／ロストロポーヴィッチのドヴォルジャーク『チェロ協奏曲』」（『一枚のレコード』中央公論社、一九七二年十一月／『全

集6』同前、一九七五年四月）
「カラヤンのプッチーニ――オペラにおけるオーケストラの重要性」（『レコード芸術』一九七五年六月号、七月号／『レコードと演奏』同前）
「カラヤン／ベルリン・フィルのマーラー『交響曲第五番』」（『ステレオ芸術』一九八〇年四月号／『吉田秀和作曲家論集・1　ブルックナー、マーラー』音楽之友社、二〇〇一年十月）
「カラヤン――ドビュッシー、ヴェルディ、マーラー（『レコード芸術別冊』〈カラヤン&ベルリン・フィル〉一九八一年十一月／『レコード音楽のたのしみ』音楽之友社、一九八二年六月）
「カラヤンのシェーンベルク、ベルク、ヴェーベルン――豊麗甘美な音」（『ステレオ』一九七五年四月号／『レコードと演奏』同前）
「カザルスの死とカラヤン」（『朝日新聞』一九七三年十一月一日／『音楽――展望と批評　1』朝日文庫、一九八六年二月）
「カラヤンと老い」（『朝日新聞』一九八四年十一月十五日／『新・音楽展望』朝日新聞社、一九九一年八月）
「カラヤンの死」（『朝日新聞』一九八九年八月二十四日／『新・音楽展望』同前）

＊本文中に記載のレコード、ＣＤ等の番号、及び廃盤といった情報は当時のものなので、現況はネットやＣＤ店他でご確認下さい。

カラヤン

二〇一九年　七 月一〇日　初版印刷
二〇一九年　七 月二〇日　初版発行

著　者　吉田《よしだ》秀和《ひでかず》
発行者　小野寺優
発行所　株式会社河出書房新社
〒一五一-〇〇五一
東京都渋谷区千駄ヶ谷二-三二-二
電話〇三-三四〇四-八六一一（編集）
〇三-三四〇四-一二〇一（営業）
http://www.kawade.co.jp/

ロゴ・表紙デザイン　粟津潔
本文フォーマット　佐々木暁
本文組版　株式会社ステラ
印刷・製本　中央精版印刷株式会社

Printed in Japan ISBN978-4-309-41696-0

マーラー

吉田秀和　41068-5

マーラー生誕百五十年から没後百年へ。マーラーを戦前から体験してきた著者が、その魅力をあまさずまとめた全一冊。ヴァルターからシノーポリまで、演奏解釈、ライヴ評ＣＤ評も充実。

フルトヴェングラー

吉田秀和　41119-4

フルトヴェングラー生誕百二十五年。吉田秀和が最も傾倒した指揮者に関する文章を初めて一冊に収攬。死の前年のパリの実演の印象から、シュナイダーハンとのヴァイオリン協奏曲まで。

バッハ

吉田秀和　41669-4

バッハについて書かれたさまざまな文章を一冊に集める。マタイ受難曲、ロ短調ミサ曲、管弦楽組曲、平均律クラヴィーア、ゴルトベルク、無伴奏チェロ……。リヒターからグールドまで。

グレン・グールド

吉田秀和　41683-0

評価の低かったグールドの意義と魅力を定め広めた貢献者の、グールド論集。『ゴルトベルク』に始まるバッハの他、モーツァルト、ベートーヴェンなど、多角的に論じる文庫オリジナル。

西洋音楽史

パウル・ベッカー　河上徹太郎〔訳〕　46365-0

ギリシャ時代から二十世紀まで、雄大なる歴史を描き出した音楽史の名著。「形式」と「変容」を二大キーワードとして展開する議論は、今なお画期的かつ新鮮。クラシックファン必携の一冊。

聴いておきたい　クラシック音楽50の名曲

中川右介　41233-7

クラシック音楽を気軽に楽しむなら、誰のどの曲を聴けばいいのか。作曲家の数奇な人生や、楽曲をめぐる興味津々のエピソードを交えながら、初心者でもすんなりと魅力に触れることができる五十曲を紹介。